はじめての建築学——建築生産・材料基礎編

建築生産・材料入門

建築学教育研究会 編

李 祥準＋田村直久＋中島正夫 著

鹿島出版会

まえがき

本書は建築全般の入門書である「建築を知る──はじめての建築学」の姉妹編として、材料、構法、施工、施設管理について、その基礎となる事項とともに技術面での課題や展望を、建築の初学者にもわかるように記した建築生産分野の導入書です。

建築生産分野は、デザインや構造に比べて地味な印象をもたれがちですが、建築物は最終的にはある敷地の上に建設されてはじめて実用に供されるわけですから、建築生産に関する知識やセンスは建築に関わるすべての人たちにとって不可欠なものです。加えて近年では、すでに建設された建築物のメンテナンスや効率的な運用方法(ファシリティマネジメントといいます)などが重要な課題になっています。本書は、このような現代の建築生産に関わる諸問題について建築をはじめて学ぶ人たちにも理解できるようなるべくわかりやすく描きながら、現時点で抱える課題や将来への展望についても触れています。

本書は大きく三つのPartで構成されています。Part 1は、建築材料や構法(建物の構成方法)に関して記述しています。ここでは特に建築材料の特性が、人の健康や社会・環境と密接に関係していることを学んでほしいと思います。Part 2は、建築の施工を中心とした問題を扱っています。現代の建築施工の勘所とともに、建設業がいま抱える課題と将来像について紹介しています。Part 3は、ファシリティマネジメントの基礎となる建物と時間の関係について述べています。建物は時間とともに変化していきます。それをどう捉え、どのような考え方によって建物が満たすべき機能・性能を維持していくのか、また施設の効率的な運用方法はどうあるべきなのか、今後の人口減少社会の中で重要な課題になっています。

本書によって建築を学びはじめた人たちが、建築生産分野についてより深く理解し、将来の学びへの方向性を見出すことができるよう希望しています。

2020年6月

建築学教育研究会代表　渡部 洋

建築生産・材料について学ぶこと

建築系学部で建築生産・材料を学ぶ意味

建築系学部では様々な学科目を学びますが、建築の計画やデザイン、構造、環境・設備などに加えて、もう一つの大事な学修分野に生産・材料があります。生産・材料分野では、建築物の骨組、仕上げなどの建物を構成する実体部分のつくり方について学びます。この分野は、建築物の安全性、耐久性、機能性などを確保するうえで大変重要な役目を果たしています。それは出来上がった建物についての話だけではなく、つくる過程においても求められる知識になります。また、出来上がった建物がより長く使えるように維持管理や維持保全をすることが大事ですが、それらについてもこの生産・材料分野で学ぶことになります。つまり、生産・材料分野では、建物の新築時点の話から、それが使用されてある時間が経過した時点の話まで、建築物を時間軸でとらえて理解しようとするのが他の分野と比べた場合の特徴です。

この分野で学ぶ内容についてもう少し詳しく見ていきますと、生産・材料分野では建築物を構成する材料や構法・工法のほかに、メンテナンスや維持保全について学びます。建築物は様々な物質でできた建築材料によって構成され、またそれらの材料が一定の原理・原則に基づいて空間的に構成されることによって所要の性能を発揮するようになります。材料学や構法・工法に関する勉強はそのような建築物の実体部分の構成方法に関する知識を修得するという、大変重要な意味をもっています。

建築生産・材料で学ぶ内容と範囲

では、この建築生産・材料分野にはどのような科目があり、何を学ぶのでしょうか。以下、主な学修科目について、それぞれのねらいや内容を簡単に見ていきます。

まず、建築物に使われる材料について学ぶ建築材料学があります。建築材料学は、建築物に使われる構造用材料をはじめ、下地・仕上げ材料などについて、その種類、製造法、特徴、性能のほか、建築物に使ううえでの注意点を学びます。これは建築設計の多くの部分が、各部に使う材料の選択と各材料の特質に応じた納め方に費やされることに理由があります。設計のみならず施工や維持管理をするうえで、材料に関するひと通りの知識を有していることが不可欠なのです。

つぎに、建築物における部材の構成方法について学ぶ構法学があります。骨組のつくり方にはどんな方法があり、なぜそうするのか。木を使う場合、鋼材を使う場合、鉄筋コンクリートを使う場合などによって、その種類と理由は千差万別です。また、床の構成方法、壁の構成方法、屋根の構成方法なども使う材料、求められる性能などによって多種多様に異なります。これらについて基礎的な法則や知識などを知らずして、建築設計や施工を職業としていくことは不可能といってよいでしょう。

また、施工学という科目もあります。施工学は設計された建築物をどういうふうに工事をして地上に実現させていくかを考える科目です。工事の種類、必要な機材、工程計画の立て方、工事管理の要点など、現場で作業を安全かつ効率的に進めるための方法について学びます。よい設計は工事の細部を知ること、すなわち現場を知ることから生まれるといっても過言ではありません。建築のすべての分野に関わる非常に重要な科目です。

さらに、建築されてから一定の時間が経過した建物の維持管理や保全について学ぶ建築病理学や施設管理の科目も

あります。ひと昔前までは、これらのことは大学で学ぶ科目で
はなく、必要に応じて個別にそのノウハウを蓄積して利用し
てきた知識・技術の一つでした。しかし、今は建物をよいコン
ディションに保って使い続けることが環境・資源・エネルギー
はもちろん、社会・経済的にも重要な意味をもつ時代となっ
ています。そのための基礎的な素養を有した人材を育てるこ
とは、建築系学部の大事な使命になっています。

以上のように生産・材料分野で学ぶ内容は多岐にわたりま
す。いずれの学科目も、計画や構造に比べると地味で面白
みのない学問分野ととらえられがちですが、この分野に関す
る知識や技術がなければどんなに優れた設計プランも実現
できませんし、高い品質を確保することも難しくなるでしょう。
また、建物を長期間にわたってよいコンディションで維持した
り、時代の変化に合わせた適切な修繕・改修などもできない
でしょう。そのような意味で、生産・材料分野という学問フィー
ルドは建築学の全体体系の中で極めて重要な一部をなして
います。

Part 1

建築材料・構法

建築材料と社会

建築材料とは

建築物は屋根、壁、床などの「部位」よって構成されています。また、それらの部位は骨組のほか、下地や仕上げなどによってつくられており、それらはさらに細分すれば土台や柱、野地板や胴縁、瓦やサイディングなどの「部材」によってつくられています。

これらの部位や部材をつくっているものは、もとをただせば鉄や木、岩石などの自然界に存在する何らかの物質です。何らかの物質が、ある意図のもとに物理的、化学的に改変・改

密度と比重

学生がよく混同する言葉に、材料の「密度」と「比重」があります。密度とは、質量を体積で除して出した値で、物質の単位体積あたりの質量を表しています。これに対して、比重とは、ある物質の密度を他の物質のそれと比べたときの比率をいいます。では、何と比べるのでしょうか？ 答えは水です。正確にいうと、温度が4℃のときの水の密度が1に最も近いので、そのときの水の密度と比べます。つまり、比重とは4℃の水の密度に対して、どの程度の密度を有する物質かを示す指標ということができます。比重が2というのは、4℃の水の密度に対して2倍の密度をもった物質だということを意味しています。

以上の説明からわかると思いますが、密度にはg/cm^3のように単位がつきますが、比重は比ですので、単位はつきません。注意しましょう。

質あるいは複合され、定められた箇所に定められた方法で固定されて使われています。このとき、この物質のことを建築材料といいます。

この宇宙には限りない物質が存在していますが、何らかの意図でこれを利用しない限りは、それらはただの物質です。しかし、それを人間が何らかの意図・目的で何かに利用したとき、その物質は材料と呼ばれるようになります。大昔から使われてきた木材や岩石はもちろん、水もコンクリートなどをつくるときはなくてはならない物質ですから、立派な建築材料です。空気も断熱材などの中に含まれて断熱性を確保する役目をしていますから、建築材料としてはなくてはならないものの一つです。

建築材料の種類と役割

以上のように、すべての物質は人が何らかの意図で建築物に利用しようとしたとき、建築材料になるのですから、その種類は多岐にわたることになります。また、人はそれぞれの物質の特徴に応じてその使い方を区別するようにしています。ここでは、今の建築物で使われている材料の種類にはどんなものがあるのか、そしてそれぞれの材料の建築物の中で果たすべき役割にはどんなものがあるのかについて見ていきましょう。

建築材料の種類

建築材料には、昔から伝統的に使われてきたものから最近になって開発された現代的なものまで多岐にわたるものがあります。ただ、それぞれの材料の特定の特性に注目することで、数ある建築材料を簡潔に整理することが可能です。ここではそのうち二つの代表的な種類分けを示します。

・材料のでき方による分類──天然材料と人工材料[表1.1]
これは、材料を天然材料と人工材料に分ける分け方です。

表1.1　材料のでき方による分類

区分		主要な材料名
天然材料		土、石材、木材、竹材、草、植物繊維、動物繊維、皮革
人工材料	精錬	鉄鋼、アルミニウム、銅
	焼成	セメント、左官材料、タイル
	混合	壁土、モルタル、コンクリート
	化成	プラスチック、ゴム
	蒸留	石油精製アスファルト
	製織	布、紙

表1.2　材料の材質による分類

区分		主要な材料名
有機材料		木材、プラスチック、ゴム、アスファルト
無機材料	金属	鉄鋼、アルミニウム、銅
	鉱物	土、石材、セメント、左官材料、陶磁器、ガラス

天然材料は自然界に存在している物質を形状や乾燥状態を変化させる程度で使用するもので、木材、石材、土、繊維などがあります。これらは身近に手に入るものばかりで、人類の歴史が始まる以前から利用されてきたものが多い材料です。人工材料は自然界の物質を原料として、それに物理・化学的な操作を加えて変質・改質あるいは分解・再構成して使用するもので、鉄鋼、コンクリート、プラスチック、ガラス、塗料など様々なものがあります。多くは産業革命以降に科学・技術が発展して開発されてきたものになります。

・材料の材質による分類──有機材料と無機材料[表1.2]

建築材料は基本的に、有機材料と無機材料に分けることができます。有機材料はもとは生物の体をつくっていた材料を利用しているもので、木材、繊維材、プラスチックなどが代表的なものになります。これらはいずれも構成元素として炭素が主体となっており、「燃える」という共通の特徴をもっています。これに対して、無機材料は鉱物や金属からつくられる材料で、鉄鋼、コンクリート、ガラス、アルミなどが代表的です。有機材料と違い、「燃える」ことのない材料です。
建築材料には、以上のように様々な種類があり、それぞれで

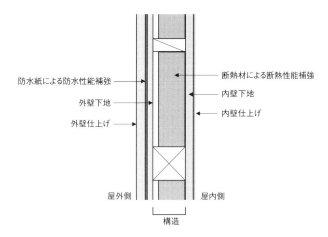

図1.1　木造軸組構法における外壁の断面構成の例

性質が異なります。燃えない性質をもつ材料は、燃えては困る箇所に利用するなど、適材を適所に使用するという基本が設計上は大事になります。

建築材料の役割[図1.1]

建築材料は建物を構成する部位、部材を形づくるもととなるものです。したがって、建築材料には、それぞれの部位、部材の用途に応じて果たさなければならない以下の役割があります。

・構造としての役割

建物は三次元の立体構造物です。これには、重力のほかに地震力や風圧力など様々な力が作用します。これらの力に対して、構造物が壊れないようにすることが材料に求められる基本的な役割の一つです。このような役割を果たす材料を構造材料といいます。構造材料には、木材のほか鉄鋼材料、コンクリートなどが利用され、それぞれ木造、鉄骨造（鋼構造）、鉄筋コンクリート造などと呼ばれる建築構造方式になります。

・仕上げとしての役割

構造材料には建物の安全性を確保するという大事な役割がありますが、その役割を長く持続させるためには構造材料を傷める雨水や紫外線などの様々な力から保護する必要があります。そのための材料が仕上げ材料と呼ばれるもので、様々な材質、材形のものが利用され、構造材料を覆うように使われます。また、仕上げ材料には、構造の保護のほかに建物の外観や内観を美しく装うという意匠的な役割もあります。

・下地としての役割

仕上げ材料を構造材料に取り付けるには、何らかの補助材料が必要になることがほとんどです。たとえば、モルタルのような左官仕上げ材料は、何らかの方法で「面」をつくってその上に塗ることで柱や梁などの構造部分を覆うことができます。このような構造と仕上げの間をうまくつなぐ役割をする材料を下地材料といいます。下地材料にはそのほかに、構造部分の凹凸を吸収する役割や、性能補強の役割を有するものもあります。

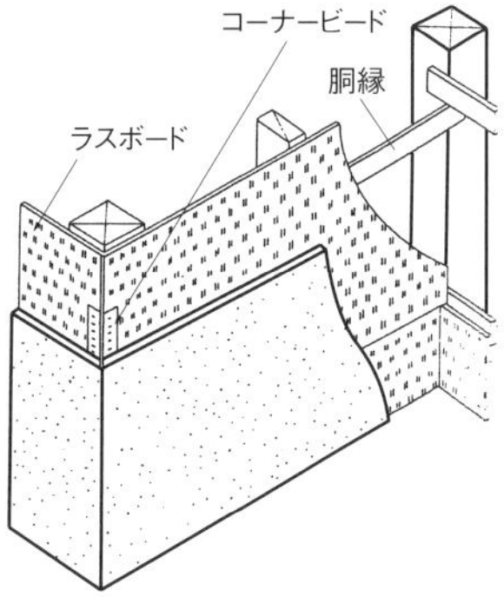

図1.2　左官仕上げの下地の例

・性能を補強する役割

今の建築物には構造安全性や耐火性、耐久性などの基本的な性能をしっかり確保するほかに、断熱性や気密性、防水性などを高めることも求められています。そのため、仕上げや下地だけではなく、それらの性能を補強することも材料に期待されています。グラスウールやアスファルトルーフィングなどで個別性能を補強することも、材料の重要な役割になります。

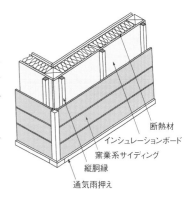

図1.3　断熱材による断熱性能補強例

建築材料と社会との関わり

ところで、社会との関係で見たときに建築材料にはどんな特徴があるでしょうか。この問題について考えることは、将来、

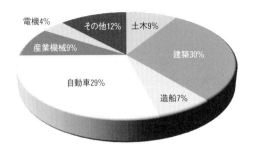

図1.4　わが国の鉄鋼材料の用途別シェア、2013年度

建築物を社会の中につくりだしていく側の仕事をするはずの学生諸君にとって大変重要な意味をもちます。建築する行為は、社会にいろいろな側面から大きなインパクトを与える仕事だからです。公害を引き起こすような材料を建築に使ってよいのでしょうか。つくるにあたって多大なエネルギーを消費するような材料を大量に使う建築は、社会的に受け入れられるのでしょうか。たとえばこのような問題に大きく関係するのが、社会との関わりで見たときの建築材料の特徴なのです。

さて、その特徴には以下のようなものがあると考えられます。

① 建築材料は大量に使うものである[図1.4]

建築材料は他の産業で使われる材料の量に比べて、大きなボリュームを必要とします。製造物としての建築物は車や家電品よりも寸法がかなり大きいうえに、年間につくられる数もけっして少なくありません。したがって、建築物の実現に使われる材料の総量は、仮設物も含めれば膨大な量になります。このような特徴は、建物をつくる過程はもちろん、使う過程、壊す過程でも大きな影響を社会や環境に与えることになります。

② 建築材料は人の身の周り近くに使うものである[図1.5]

人が使うものは当然、身の周り近くで使うことが多くなります。パソコンやスマートフォンなどは、その代表例かと思います。ただ、建築物がそのようなIT製品などと違うところは、建物内に人がいるときはつねに全身が建築材料によって囲ま

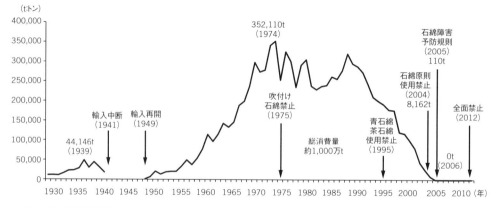

（t:トン）

352,110t
（1974）

石綿障害
予防規則
（2005）
110t

石綿原則
使用禁止
（2004）
8,162t

全面禁止
（2012）

吹付け
石綿禁止
（1975）

総消費量
約1,000万t

青石綿
茶石綿
使用禁止
（1995）

0t
（2006）

輸入中断
（1941）

輸入再開
（1949）

44,146t
（1939）

図1.5　アスベスト使用の歴史

れていることです。住宅などであれば、人生の大半の時間を
その中で過ごすことになります。そのような建築物に使われ
る材料に、健康上の問題を含むものがあったらどうでしょう
か。シックハウス症候群など、建築材料が原因と思われる病
気も社会問題化しています。アスベストのように建設時には
問題が認識されていなかった材料が、あとになって発ガン物
質を含んでいたことがわかったとか、時間差をもって問題が
顕在化することもあり、解決にあたって厄介な面を有するこ
とがあります。

③ 建築材料は環境、人命、財産に関係するものである

建築材料は、そのほとんどが天然資源を原料としてつくられ
るものです。そして、その使用量は膨大になりがちです。前提
として、資源やエネルギーの大量消費がなければ成立しない
現実があります。特に木材を除くと、建築材料の原料は有限
の資源を地上の各地から採取して利用しています。リユース
（再使用）、リサイクル（再資源化）を基礎とした生産システムを構
築しなければ、いずれ資源が枯渇することは明らかです。

また、その中で人が様々な活動をし生活する建築物が、簡単
に壊れてしまっては困ります。大きな自然災害が起こっても、
簡単に倒壊しないような強さと品質をもった材料が求めら
れます。さらに、建築物は非常に高額な製造物になります。
住宅はよく、人生最大の買い物であり、個人の最大の資産

であるといわれます。そのような大事な建築物をつくる材料には、その期待に応えられるだけの品質と性能が求められます。

以上のように、建築材料は他の工業製品などにはない多くの特徴を有しており、社会と切っても切れない関係にあります。特に環境や健康との関わりは、建築のデザインや機能性などと違って目に見えにくく、短時間で良しあしがわからないことも多い問題です。諸君が、将来的に建築の設計や施工あるいは維持管理をしていく中で、つねに自分たちの行為が社会や環境・健康に影響を与え得るものだということを認識して仕事をしていく必要があります。

建築材料・構法の変遷と将来

建築材料の歴史を知り、それに伴う構法の変遷を知ることは、建築がどうして今のかたちになったのか、建築のデザインや構造をどうとらえればいいのかを考えるうえで、様々なヒントを与えてくれます。ここでは、そのような建築材料と構法の歴史的な変遷を振り返るとともに、この先、どんな建築が必要となってくるのかを考えてみたいと思います。

古代における建築材料と構法[図2.1]

人類が生まれてから以降、いわゆる四大文明といわれる文明が発生する頃までは、主に横穴や洞窟など、自然の地形をそのままシェルターとして利用するか、樹木や草(繊維)、土などの天然材料をそのまま利用して簡単な住居をつくっていたものと考えられています。人類が石器やその他の道具を発明し利用できるようになると、寸法加工をした程度の木材や石材などの天然材料を用いて、以前に比べれば高度な竪穴住居等の「建築物」の建設ができるようになってきます。

このようにこの時代の特徴は、道具の発明をきっかけとして、天然材料を加工利用して、建物をつくっていたことです。生産方式は小規模な原始共同体による少量生産でした。材料の利用・開発は、日常的な経験の中で学習を積み重ね、徐々に使いやすいものに変化、改良させていったものと考えられます。

建物の構法は、材料を建てる、積む、重ねる、載せる、結ぶなどの原始的な方法により接合したもので、ほとんどの建物は低層で小規模なものに限られていました。安全性、耐久性も

図2.1　自然の樹木や草を利用してつくる簡単な住居

乏しく、建築というにはほど遠いものだったろうと思われます。
なお、この時代に現れた材料の共通的な特徴は、どこでも大量に安定して手に入れやすい材料であること、建築材料として要求される強度や加工性、あるいはその他の性質がバランスよいものであることなどです。

これらの特徴は建築材料としての重要な必要条件であり、そのためこの時代で使用され始めた材料のほとんどが、今でも世界の各地で利用され続けていることは、材料のあるべき姿を理解するうえで注意すべきことです。

古代から近世における建築材料と構法

文明が起こって土器を焼く技術を獲得する頃になると、人類はその技術を利用して素材としての天然材料以外のいくつかの人工的な建築材料を手に入れるようになります。たとえば、レンガ、瓦、タイル、左官材料(しっくい等の石灰を原料とした湿式材料等)、天然セメント、金属材料(銅、鉄鋼、青銅等)、ガラスなどです。

前の時代の材料が寸法加工程度しかされていないのに対して、この時代で出現したこれらの材料の多くは、高温で焼かれているために原料が質的に変化している点に最大の特徴があります。土を高温で焼くことにより、土の粒子が溶けて一体化(これを焼結といいます)する結果[図2.2]、材料の質が緻密で硬くなり、強度、耐久性等の性能が飛躍的に向上することとなったのです。また、セメントの使用により、それらの材料を

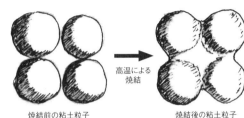

高温による
焼結

焼結前の粘土粒子　　　　　焼結後の粘土粒子

図2.2　粘土粒子の焼結

しっかりと固定できるようにもなりました。

構法としては、レンガによるアーチ構造、壁構造などが生まれ、大きな空間をつくりだすことが可能になります。ローマのコロッセオなど、現代に受け継がれる歴史的建築も建てられました[図2.3]。ガラスを利用できるようになると、採光のための窓がつき内部空間は一気に明るく快適になります。また、屋根を瓦で葺くことで雨漏りしにくくなり、木造でも長く使えるようになります。

図2.3 レンガとローマンコンクリートによるローマのコロッセオ（80年）

これらのことから建築物の大規模化、長寿命化が可能となり、建築が富と権力の象徴となりました。一部には外形上大規模な建築物（たとえば、ピラミッドに代表される大規模墳墓や城塞あるいは宗教建築等）が出現しました。

また、建物が社会資産として長期にわたって蓄積されるようになった結果、あまった労働力や物的資源を他の人間活動に回すことができるようになり、社会に生産力のゆとりが生まれるようになりました。

この時代の材料のもう一つの特徴は、前の時代の材料同様、一部の金属材料を除けばどこでも容易に手に入る原料（土・粘土、砂、石灰等）を使っている点です。これらの材料の多くは、専門分化してきた建築材料職人によって経験的に改良、開発がなされてその品質が向上し、品種が多様化していきました。しかし、これらの新たな材料が出現しても、主たる構造材料は依然として石材や木材、あるいは新たなレンガでした。

近・現代における建築材料と構法

長い古代から近世までの時代を経て、19世紀も半ばに近くなると、近代、現代の建築物をつくるために必要な材料のほとんどが急激に出現するようになります。これは、18世紀に入って起こった産業革命と近代科学の急速な発展がもたらしたものです。すなわち、近代科学の方法に基づく物質の成り立ちの解明とその合成技術の獲得、あるいは様々な物質

や現象の物理的、化学的、生物的性質・性能を客観的かつ正確に計測、分析する技術の発展などにより、これまで人類が手にしえなかった人工材料が開発されるとともに、従来からあった材料もつぎつぎに改良される時代となったのです。

この時代に新たに開発された代表的な建築材料には、ポルトランドセメント、鋼材、アルミニウム合金、合板・集成材、プラスチックス、各種合成接着剤、石こうボードなどがありますし、従来からの材料を改良したものとしては、コンクリート、板ガラス、セラミックス、左官材料などがあります。特に、コンクリート、鋼材、ガラス（特に板ガラス）は近代建築の建設には欠くことのできない材料といわれ、俗に「三大近代建築材料」などと呼ばれています。

一方、これらの科学技術の成果によってもたらされた新たな材料は、産業革命による機械化生産技術、工業化技術によって、建築材料普及の大原則である「安く大量に安定して供給されること」という条件を満たすこととなり、広く急速に一般化し、普及していきました。かくして、それまで数が限られていた建築材料は、この段階に入って爆発的にその種類を増やすことになったのです。

新材料の出現によって、建築のつくられ方も大きく変化しました。鋼材は強度、靭性に優れているため、これを用いた鋼構造は都市の過密化、生産の効率化などを背景に高層かつ大規模な建築の出現をもたらしました。大都市圏に林立する超高層建築物あるいは各地に建設されている工場、スポーツ文化施設、展示施設などの大規模な内部空間をもつ建築物の多くが、鋼材を用いた構造物です[図2.4]。

また、材料の複合化もこの時代の特徴の一つとしてあげられます。コンクリートと鋼材を一体化させた鉄筋コンクリートは、おそらく現在地球上に存在するすべての人工構造物の中で最大のボリュームを占める建設材料です。加工性や生産性に優れたプラスチックス、接合作業を簡易化した接着剤の出現など、その他にも多くの優れた性能をもった人工材料が発明され広く利用できる時代となって、人類は欲求と必要

図2.4　鉄骨造によるパリのエッフェル塔
（1887年）

Abramsの水セメント比説

コンクリートの強度はどう決まるのか？　それまで勘と経験によって練っていたコンクリートをアメリカ人のD.A.Abramsは計算によって割り出す方法を導きました。彼は、水とセメントの量を変えた膨大な数の試験体をつくっては壊して強度を調べ、ついにコンクリートの強度（圧縮強度）は、水とセメントの重量比によって導き出すことが可能であることを発見し、以下のように定式化しました。

$F = A/B^x$

ここで、F：コンクリート強度

　　　A, B：実験定数

　　　x：水セメント比

これをAbramsの「水セメント比説」といい、今日の生コンクリートを練るときの基礎的な理論になっています。

彼の業績の意義を簡単にいうと、それまで熟練した職人の個人的な経験によって練られていたコンクリートを計算で求められるようにしたことで、経験のない人でもどこでも任意の強度をもったものをつくれるようになったということです。つまり、Abramsはコンクリート強度をつくりだすことを、技能から技術に進歩させたのです。彼の努力があって初めて、今のコンクリート工学があります。

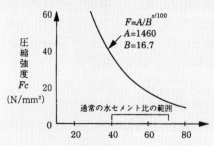

水セメント比説

のおもむくままに様々な建築物を様々に構築する手段を手に入れました。

しかし、これらの新材料が無条件に歓迎される時代は長くは続きませんでした。無秩序な建築物のスクラップ・アンド・ビルド（頻繁に建てては壊すこと）を繰り返しているうちに、地球環境の悪化が取り沙汰されるとともに、アスベストやホルムアルデヒドなどの一部の材料が、人間の健康に与える影響なども強く懸念される時代となったのです。

このような時代の流れの中で、建築材料を取り巻く世間の状況は一変しました。環境、資源問題で中心をなす建設構造物にその批判の目が集まり始めたからです。ただ単に建物としての性能を向上させるだけの材料ではだめで、製造段階や使用・廃棄段階で環境・人体への負担が少なく、建物が取り壊されたあとのリサイクルができるだけ可能な材料が求められる新たな時代に入ったのです。

これからの建築材料と構法

これからの時代は、前の時代までの材料をさらに性能的、機能的に高度化、多様化させるとともに、先に述べた資源・環境を強く意識した材料が開発されていくであろう時代と特徴づけることができます。

そう考えられる背景の一つには、建築物への社会の要求がますます高度化、多様化していることがあげられます。

都市への人口、産業の集中は、地下あるいはより高層への建築物の進出を要求していますし、土地の限られた日本では海辺環境あるいは海洋への進出が不可避となっています。また、まだ実験段階ですが、人類の宇宙への本格的進出もそう遠い将来の夢物語ではなくなってきています。

このような時代の建築材料には、以前のそれに比べていっそうの強度、耐久性、生産性などの性能の高度化が求められます。現に、すでにそのような期待に応えるかたちで高強度コンクリート（圧縮強度が従来の数倍以上あるコンクリート）や高強度鋼

材、高強度アルミニウム、エンジニアリングプラスチック、各種繊維補強材料などが生まれ、実用化されています。

また、建築物のコストダウンへの強い要求は材料の多機能化を生んでおり、そのために従来は複数の材料を組み合わせてつくっていた部位、部分を、単一の材料（部品）で構成することで材料コストとともに現場作業コストも下げるものがつぎつぎに開発されています。

さらに、「インテリジェントマテリアル（知能材料）」といって、外部からの刺激に対して自分自身を適応させたり、自分の状態を外部に知らせたりする機能をもった新しい建築材料が出現しつつあります。たとえば、作家の手にペンダコができるように、力が継続的に掛かる箇所が徐々に硬くなってすり減りにくくなる材料や、内部にひび割れが発生したことを自分で検知して自己修復するコンクリート、あるいは濡れると色が変化して水漏れが発生したことを建物管理者に知らせる機能をもった材料などが開発されつつあります。

一方、資源・環境面からは、まず製造段階での二酸化炭素排出量の少ない材料が求められていますし、使用段階では耐久性が高いにもかかわらず、廃棄段階では容易に自然界に戻るような材料も求められています。また、廃棄する前にリユース（再使用）、リサイクル（再資源化）が容易な材料の開発も重要な課題となっており、現在そのための研究開発が各国で進められています。これらの性質を備えた材料を称して俗に「エコマテリアル」と呼んでいますが、木材はその代表的なものの一つといえ、CLT（直交集成板）なども開発されています[図2.5、2.6]。

図2.5　集成材による大館樹海ドーム（秋田、1997年）

図2.6　CLTという新しい木質材料による建築例

製造から廃棄に至るまでの二酸化炭素排出量は数ある建築材料の中でも最も低く、かつ山の手入れさえすれば無限の再生産が可能であり、構法の工夫次第で再使用、再資源化も容易なため、現在あらためて木材の建築材料としての見直しが世界各国で進められています。

自然空間から人工空間を切り取り、その中で安全かつ快適に生活し、活動するための手立てとして、建築材料には様々

なものが使われ、つくられてきました。時代の進展に応じて材料に要求される性能も変化し、ますます高度で多様なものが必要とされてきています。しかし、これからの時代の建築材料は、社会や環境に負の作用を及ぼすものであってはなりません。これからの建築材料学は、つくり、使うためだけの材料学から、資源、環境、健康などに比重をおいた新しい材料学へ変貌していかなければなりません。

諸君が学部、大学院などを通して建築材料学を学ぶことで、今後の建築材料の選択眼、建築品質を確保しうる材料の使用法、開発されるべき新たな材料についての的確な見識をぜひ養ってほしいと思います。

建築物（材料）に
要求される
機能・性能と建築品質

建築物を設計する際に、構成する材料の性能や品質を検討するためには、設計する建築物に求められる機能や性能を正しく把握することが不可欠です。建築物のどの部位にどんな機能・性能が要求されるのかを知ることで、正しい材料の選択や建物品質の確保が可能になります。ここでは、このような建築の設計にあたって基礎となる建築物に要求される機能・性能とともに、満たすべき品質とは何かについて考えてみます。

建築物の機能

建築物の機能を考える前に、「機能」とは何かについて考えてみましょう。たとえば、自動車の機能、いいかえれば、自動車の働き、役割とは何でしょうか。それは、ひと言でいえば、「人やものをある地点から別の地点へ自動車という機械を使って移動させること」です。また、もう少し詳しくその働き方を説明すると、ただ単に移動させるだけではなくて、安全に、経済的に、早く、快適に移動させることということができます。現代では、さらに環境により優しく、という形容詞が必要になるかもしれません。

このように、ものの機能とは、そのものの働きや役割、あるいはそのものが存在する目的ということができます。では、建築物の機能とは何でしょうか。何のために人は建築物をつくるのでしょうか。建築物にはどんな働きや役割を期待しているのでしょうか。

まず、自動車の例のように簡単に建築物の機能をいうならば、

「建築物は、すべての人間活動の容れ物である」ということができます。住宅は人々の暮らし、病院は病人の治療、学校の校舎は人々の学び、工場は人々のものづくり、音楽ホールや美術館は人々の文化活動というように、建築物は様々な人間活動を行うための場を提供するという働き、役割をもっているということができます。ただ、自動車の例のように、単に場を提供すればよいのではなく、実際にはその場は、地震や台風などの自然災害はいうまでもなく、日常的な使用に対しても安全につくられている必要がありますし、夏や冬の暑さ・寒さのほか、音の出入り、部屋の明るさなどに対して快適なものでなければなりません。

つまり、建築物の機能とは、いろいろな意味で安全で快適な人間活動の場を提供することである、ということができます。

建築物に要求される性能

以上のような機能をもつべき建築物には、様々な性能が要求されますが、さて「性能」とは何でしょうか。「性能」と「機能」とはどう違うのでしょうか。このことをまず考えてみましょう。

再び自動車の例を取り上げます。自動車の性能とは何でしょうか。車のカタログを見ると、どのカタログにも、馬力、トルク、燃費、荷物の積載容量、安全装置などが必ず記載されています。これらは、その自動車が他車に比べてどの程度優れているのかを数値で示すためのものです。これが車の「性能」です。つまり、性能とは、そのものの機能をどの程度のレベルで達成しているかを数値化して示したものです。最高速度、時速100km/hにまで達するまでの時間、遮音程度なども大事な車の性能になります。性能が示されると、車同士の比較ができるようになり、購入時に客観的な比較検討ができるようになります。

建築物も同様に、様々な性能が要求されます。耐震性能、耐風性能、防耐火性能、断熱性能、遮音性能、耐久性能など、「もの」としての建築物が有しなければならない性能は多

岐にわたります。また、その意匠性や芸術性も性能といえるかもしれませんが、こちらは数値化がしにくく明確に性能として意識されることは少ないようです。建築物の性能が数値として明示されるようになると、車と同じく建物間の比較ができるようになり、自分がほしい最適な建物を選んだり設計してもらったりすることができるようになります。

建築物の性能を明確にすることは、そのような点で大変重要な意味をもっています。

「もの」としての建築物に求められる性能の種類

「もの」としての建築物に求められる性能には、多様なものがあります。建物に要求される性能は、人々の活動が複雑化するにつれて、また人々の要求水準が時代とともに高まるにつれて、多様化し高度化してきたといえます。では、そのような性能には何があるかを見ていきましょう。

制御性能

制御性能とは、**図3.1**に示すように、建物の外から作用する自然の力をコントロールして、内部空間を快適にするために必要な性能です。コントロールの仕方としては、遮断、吸収、反射などの方法があります。

具体的には、熱に対して内部空間を快適にするため、壁や

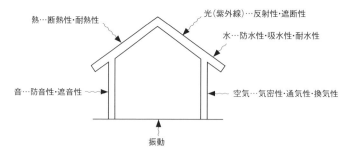

熱…断熱性・耐熱性　　　　光（紫外線）…反射性・遮断性

水…防水性・吸水性・耐水性

音…防音性・遮音性　　　　空気…気密性・通気性・換気性

振動

図3.1　建物に求められるいろいろな制御性能の例

屋根には断熱性能や遮熱性能などが求められます。また、音に対しては、遮音性能や防音性能、吸音性能などがあり、建物が建つ周辺環境や建物用途などによりどの性能を重視するかが変わってきます。水に対しては、外装部位や水回り仕上げ材などに防水性能や耐水性能が求められ、内部仕上げ材などには適度な吸湿性などが求められることがあります。ほかに、光、空気、振動に対する性能などが要求されることがあります。

存続・安全性能

存続・安全性能とは、**図3.2**に示すように、建物に作用する様々な荷重・外力から建物を安全にかつ長く存続させるために求められる性能です。このような性能のうち、皆さんの頭にすぐに思い浮かぶのは、耐震性能や耐風性能ではないでしょうか。日本は地震や台風に頻繁に襲われる国ですから、そこに建つ建物には、これらの性能がまっさきに必要な性能となることは容易にうなずけます。地震や台風の力は、水平方向からの荷重ですが、鉛直方向の荷重としては、屋根に積もる雪の重さである積雪荷重があります。また、安全性としては建物を火災から守ることも重要なことで、防火性能や耐火性能は大規模な建物や都市部に建つ建物では不可欠な性能になります。

一方、建物の存続に関わる性能としては、鋼材を錆から守る

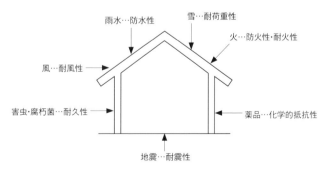

図3.2　建物に求められるいろいろな存続・安全性能の例

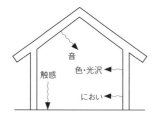

図3.3　建物に求められるいろいろな作用感覚性能の例

防錆性能、木材を腐朽やシロアリから守る耐朽性能や耐蟻性能、鉄筋コンクリートを塩害から守る防食性能など、材料によって様々な性能が要求されます。

感覚作用性能

感覚作用性能は、**図3.3**に示すように、建物の内外にいる人の五感に関わる性能で、視覚に対しては色や光沢など、聴覚に対しては音、触覚に対しては温冷感や粗滑感（表面の粗さ、滑らかさの感覚）、そして嗅覚に対しては様々な化学物質から出てくるにおいなどがあります。これらは時として、建物を使用する人の精神的、肉体的な状態に大きく影響を与えることが徐々にわかってきたことから、近年、建築設計にあたって特に重要視される性能項目の一つになってきています。

たとえば、小学校の校舎は長らく鉄筋コンクリート造が多かったのですが、近年、木造校舎の教育効果に与える影響に関する心理学的、教育学的観点からの研究が進み、木材が子供たちの集中力や他者へ配慮する力などを育成するのに効果的であることがわかってきて、徐々に木造の校舎が増えつつあります[図3.4]。また、病院の病室の壁や天井の色が患者の心理状態に影響を与えることもわかってきており、色彩計画は病院の室内環境の設計上重要な要素となっています。

図3.4　小学校校舎に木材を利用した例（神奈川県厚木市）

イオン化傾向と屋根材の話

中学・高校の化学で習ったと思いますが、「イオン化傾向」という化学事象があります。金属の種類によって酸化の程度が異なりますが、酸化しやすい金属ほどイオン化傾向が高いものとして、金属を序列化するのによく利用されます。実は、この現象は建築材料の分野ではよく出くわす現象で、特に水が作用する屋根葺き材（屋根仕上げ材）でよく見られます。

銅板を屋根仕上げに使う場合は、鋼製の釘で留めるとイオン化傾向の高い鋼製釘が先にイオン化（酸化）し、錆びてしまいます。銅板屋根には銅釘を使うことが原則です。逆も同様で、鋼製の釘は鋼板の屋根材に使います。

このように、高校で学習する内容も建築を理解するうえでは、不可欠になります。

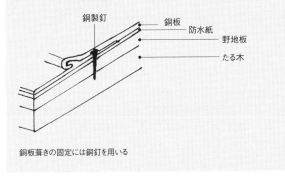

銅板葺きの固定には銅釘を用いる

建築に求められる品質と欠陥建築

建築に求められる品質とは

よく、あの製品は品質がいいとか悪いとかいいますが、品質とは何でしょうか。実はこの問いに答えることは簡単ではありません。個別の性能であれば、数値で比較してどちらが優れているかいないかを明確に判断できます。しかし、品質は数値化できません。品質はそれを使う人が、何をその製品に期待したかで評価が変わるからです。

建物に高い耐震性を期待して、実際にその建物が震度7の

地震にもびくともしなかったら、それを発注した人にとってその建物の品質は高いものに感じられるでしょう。また、維持管理コストを重視している人にとっては、日常のメンテナンスにお金がかからない建物のほうが、品質が高いと感じるかもしれません。

とはいっても、どの製品に対しても誰もが共有しているはずの価値基準というものがあります。建物であれば、床は水平であり壁は垂直なものである、屋根や壁から雨漏りはしないものであり、10年程度で構造体が腐食したり腐ったりしてはならない、などです。これらは誰もが当然と考える建物として最低限保有していなければならない品質といえるでしょう。

建物には、以上のような最低限備えるべき品質が求められるほか、施主(建物の発注者)の求めに応じた機能・性能を要求レベルに適合するように実現されていることが必要になります。この実現の度合を、建物の品質といいます。

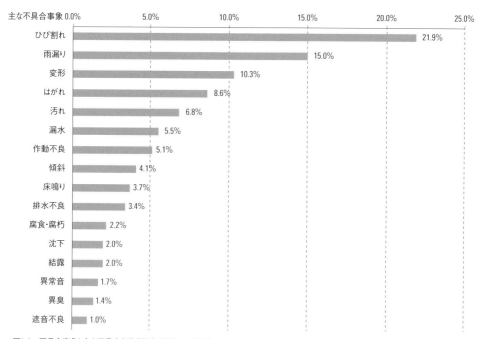

図3.5 不具合事象と主な不具合部位(戸建て住宅n=7395)

なぜ、欠陥建築は生まれるのか

一般に、建物が最低限備えるべき品質を満たしていない状態を「欠陥建築」などと呼ぶことがあります。誰がどう考えても、「建築」とは見なせない不良な状態のものであることを指しています。欠陥建築はよくニュースにも取り上げられることがあり、皆さんも一度は耳にしたことがあると思います。なぜ、欠陥建築は生まれるのでしょうか。その背景にはどんな事情があるのでしょうか。以下、主な理由、背景について考えてみたいと思います。

① すべてが同一条件の建物はなく、経験を積み重ねにくい

建築物にはすべての条件が同じ建物は二つとなく、各建物は少しずつどこかが違うのが普通です。たとえば、敷地が違うことで、地盤、気候、植生など様々なことが違ってきます。建物自体ももちろん違いますし、それを施工する会社、職人、管理方法も違います。自動車や家電品などの工業製品であれば、同一の品物をほぼ同一の環境・製造条件下で大量につくることで、品質を確保しやすくなっていますが、建築物は一つひとつが全く別の製造物ですから、毎回建設上の新しい問題や課題が生じるといっても過言ではありません。

つまり、過去の経験がそのまま通用しない状況が多々発生しやすいことが、品質確保が難しくなる一つの背景をなしています。

② 建物を発注・購入する側とつくる側との情報がアンバランスである

難しい言葉でいうと「情報の非対称性」といいます。一般に建築物を発注したり購入したりする側は、多くの場合、一生に一度の経験ですから、建築についてせいぜい通り一遍の知識しかありません。それに対して、つくる側はそれを日常の仕事としているのですから、建築に関して表も裏も知っているというのが普通です。工事中に不具合があっても施主が見抜けないことはよくありますし、納得がいかないことの説明を求めても専門用語が飛び交ってよく理解できないまま、うやむやに終わってしまうことも少なくありません。

納得のいく品質の建築物を実現してもらうには、第三者による工事監理者を立てるなど、情報の非対称性をなくす努力が必要になります。

③ 建築の施工業界は参入が容易な業界である

小規模工事の世界では、「フリーエントリー」といって技術や技能がさほど高くない業者でも自由に仕事に参入できるのが実態です。そうして参入した業者の中には、きちんとした施工管理や資材管理などの技術もなく、工事品質に問題を生んでしまうこともあります。契約に関する認識が甘く、工事の結果が契約図面通りになっていない、期日を守れない、設計仕様と違う材料を使うなど、発注者の要求を満たさない工事を行ってしまうことも少なくありません。建物所有者が直接発注するリフォーム工事などでよく見られるケースです。

工事業者の技術レベルや工事に対する姿勢などの面から、業者選定が慎重に行われる必要があります。

④ 建設業界は重層構造になっている[図3.6]

建設業の仕事の仕方は「請負（うけおい）」という形態をとります。請負とは、約束した金額で約束した期日までに、約束した建物を設計図書通りにつくりあげて、施主（発注者）に引き渡すことです。請負を行う場合、まず元請けが発注者から建物全体の完成を請け負い、さらに建築工事をいくつかに分割して下請けに外注するのが普通です。ある程度規模が大きな工事になると、さらに下請けは請け負った工事部分を分割して孫請けに外注します。

このように、建築工事は施主と直接契約をした元請けだけが工事をするのではなく、一般には重層的に工事業者が関わってきて完成に至ります。その間には、工事情報が複雑に行き交い、高い品質確保のためには各種工事間および業者間の調整や管理が重要になります。いつも同じ下請け、孫請けであれば、意志疎通や調整もしやすいのですが、建築は場所を変えながら行う一品生産のため、工事によって顔ぶれが毎回変わることも珍しくありません。

ここに、品質上の不具合が生じやすい背景が形成されてし

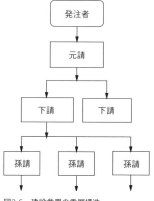

図3.6　建設業界の重層構造

まいます。

⑤ 建築は品質検査が難しい構築物である

建築物は規模が大きく複雑な構造になりがちなため、工事の要所要所において工事監理者が設計図書との不一致箇所や精度・資材の管理状況などについてチェックはするものの、どうしてもチェックしきれない箇所が出てきてしまうことがあります。

また、竣工後の検査では、鉄筋の配筋状況や鉄骨の溶接状況、木材接合状況など仕上げで隠れてしまった構造部分の適否について確認することは、ほぼ不可能になります。そこに、品質上の不具合が見過ごされやすい背景が生じます。

⑥ 建築関連法規は性善説で成り立っている

建築関連法規は基本的に性善説、つまり建築士や建築業者は悪いことを意図的にするものではないという考え方に基づいて構成されています。この考え方をとるのは、実務的にもやむを得ないことだろうと思われます。

もし建築士が設計・計算してきた書類について、建築確認をする行政側が信頼しなかったら、行政のほうではじめから計算し直さなければならなくなります。これは不可能なことです。しかし、逆に悪意のある人間にとっては、そこにつけ込むすきがあることになり、耐震構造計算を偽装したりする事件がかつて発生しました。

昔からの伝統技術が基礎となっている木造軸組住宅でも、そのつくり方について建築基準法ではあまり細かい規定を設けていません。これは大工技能者の技能が高いものであり法律でうるさく規定せずとも良質な建物をつくってきたし、これからもつくるはずだという前提があるからと考えられます。建築技術者は、法律に規定されていないから何をしてもいいと考えるのではなく、高い品質の建物をつくるには何をなすべきなのかをまず優先して考え、品質の高い建物を建ててほしいという社会の期待に応える存在とならなければなりません。

建物の構成方法−構法 について

建築材料・施工分野では、建物の構成法である構法についても学びます。ここでは、その概要について述べていきます。

構法とは

建物は、床、壁、屋根などで外部空間を切り取って、その内部に様々な人間の生活や活動に適した空間をつくるための構築物です。この床や壁、屋根をどう構築するかについては、古来から人間は様々な材料を用い、工夫をしてきました。木材を入手しやすい地域では内部空間を確保するために、太い木材を鉛直方向に建て、その上に別の木材を横に架け渡して骨組をつくり、さらにその骨組の上に木の枝や葉あるいは草・土などを載せて雨や風を防ぐ工夫をしました。また、石が豊富な地域では、適当な大きさの石を積み上げて壁とし、その上に木で屋根をつくり雨、風を防ぐことを考えました。このように、内部空間をどうつくるかは、その地域でどのような材料が使えるか、その材料をどう使うかによって様々に変化しますが、その材料の使い方あるいは構成の仕方を構法といいます。

構法は先史時代などにあっては、自然の素材を寸法加工するだけで縦や横あるいは斜めに使って組み立てる程度の素朴なものでしたが、科学や技術が発生して進歩するにつれて、だんだんと洗練されてきて、より力学的に安定した構成方法、より外れにくい材料同士のつなぎ方、より雨漏りのしにくい外部仕上げ材の選択・構成方法などが考え出されてきました。そして、それぞれは時代が下るにつれて、各地域で

a.多雪地域の茅葺民家（富山県）

b.壮麗な小屋組の伝統民家（岐阜県）

図4.1　各地に残る伝統的な民家の例

の建物の決まったつくり方として定着するようになります。材料別、地域別に構造体はこうつくる、仕上げ材は構造体にこう固定するなどが定石化してきたのが、現在、各国や地域で見られる伝統的建物の構法になっています[図4.1]。

ところで、構法と似た言葉に「工法」がありますが、どう違うのでしょうか。構法は先に述べたように、建物（内部空間）をつくるための材料・部材の構成の仕方をいいますが、工法といったときは、設計された建物を具体的にどういう手順、工程、施工方法でつくるかを指します。構法＝構造法、工法＝施工法と考えると、わかりやすいかもしれません。なお、話し言葉としては音だけでは区別がつかないので、構法をいうときは「かまえるこうほう」、工法をいうときは「えこうほう」などといって区別することがあります。

建物の構法はどう決まるか

では、このような建物の構法は、どう決まってくるのでしょうか。この構法の決定には、大きく二つの要因が関係していると思われます。

一つは、建物に要求される性能です。大昔のそれこそ雨露をしのげるだけでもよかった時代には、建物に要求されるのは防雨、防水のためのつくりが主ですから、壁も屋根も骨組の上に水の浸入を防ぐ材料を載せる程度の簡単なつくりでした。しかし、現代ではそうはいきません。建物の壁や屋根には、雨露を防ぐことはもちろん、地震・台風などの外力のほか、火、熱、音、紫外線、腐朽、シロアリなどにも耐える性能が要求されます。そうすると、昔は骨組の上に簡単な仕上げをすれば済んだところが、今は、骨組も丈夫で変形しにくいものにすると同時に、仕上げとしては火や熱に耐えられる材料が必要になりますし、構造と仕上げの間に断熱材を入れる必要も出てきます。

このように建物あるいはそれを構成する壁や屋根などの部分にどんな性能が要求されるかにより、建物や部分の構成

方法が変わってきます。より多様で高度な性能が要求される
現代では、建物のつくりもより複雑になっています。

もう一つの要因は、建物を建てるにあたって利用できる材料
や技術の問題があります。建物を安定的につくり続けるに
は、建設地域で普遍的に入手できる材料を使用することが
原則です。

木材が豊富な地域、粘土や石材を入手しやすい地域、木材
や石はないがヨシなどの植物が周りに満ちている地域など、
それぞれの地域に応じて使いやすい材料が異なり、材料が
異なれば建物の構成方法も異なります。また、同じ材料を使
うにしても、その加工技術によっては板や広い面状の材料
にして新たな使い方をすることもでき、それによって部分や建
物の構成方法も変わります。

接合技術も時代とともに進歩してきた結果、部材同士のつ
なぎ方も、植物による接合から金属あるいは接着剤のような
化学的化合物による接合まで、大きく変化しています。材料
と接合法が変われば、構法も変わるのです。

建物の構法のとらえ方──部位区分

建物の構法を設計したり分析したりする際には、建物を要求
性能に応じて区分して考えたほうがわかりやすくなります。一
般には、基礎、床、外壁、内壁、屋根、天井、窓、階段などに
分けます[図4.2]。それぞれの区分で、異なる性能が要求される
からです。これらの区分を「部位」といいます。建物は、部位
の集まりとしてとらえることが可能です。それぞれの設計にあ
たっては、それぞれの部位に要求される性能をよく踏まえて
設計することが大切です。

具体的には、基礎には構造的安全性と耐久性・耐火性など
が特に求められます。床には、耐荷重性能のほかに、防滑
性、耐摩耗性、耐久性などが必要です。外壁(内壁)には、地
震や台風などの水平荷重あるいは衝撃的な荷重に耐えるこ
とと、防耐火性や断熱性、遮音性、耐久性などが、屋根には

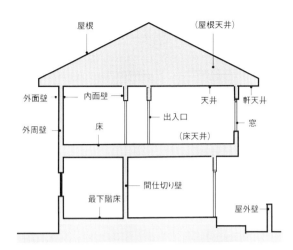

図4.2　建物の部位構成

防耐水性をはじめとして積雪や風などの荷重に対する安全性のほか、防火性、遮熱性、断熱性、耐久性などが特に求められます。窓には、採光性をはじめ防火性、耐風性、断熱性などが求められ、階段には、耐積載荷重性、防滑性、昇降時の安全性、防音性などが求められます。

こう考えてくると、各部位に求められる性能には、骨組で対応すべき性能と仕上げで対応すべき性能、あるいは部位全体で対応すべき性能などに分かれることが理解できるかと思います。構造的な安全性や耐久性は主に骨組に求められる性能ですが、防水性、防火性あるいは防滑性や耐摩耗性などは各部位の表面仕上げに求められる性能です。一方、防水性や断熱性、遮音性などは、仕上げだけでは対応できず、下地や部位全体として対応すべき性能になります。

したがって、各部位は、さらに骨組、仕上げなどの「層」に分けてとらえることが普通で、これを層構成といいます[図4.3]。

骨組は、主に構造的な安全性、安定性を確保するための層です。構造性能を長く維持するためには耐久性も有していることが大事です。仕上げは、建物の内観・外観をきれいに見せることも大事な役割としてありますが、先に見たように骨組を様々な外力から保護するためにも重要な部分です。下地

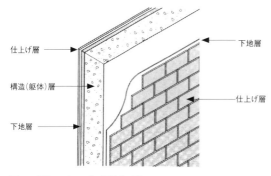

仕上げ層　　下地層

構造（躯体）層　　仕上げ層

下地層

図4.3　鉄筋コンクリート壁の層構成の例

は、仕上げ材を骨組に固定するために必要になるとともに、部位として要求されている性能を補強するための層ととらえることも可能です。

骨組の構法

つぎに、建築構法の中核となる骨組の構法について、代表的なものを見ていきたいと思います。

木材を使った構法^{［図4.4］}

木材を骨組に使った構法は、軽い、施工が容易、戸建て住宅から大スパン・大規模建築まで適用可能という特徴がある反面、耐震、防耐火、耐久性面で工夫をする必要があります。このような木造構法には以下のような種類があります。

・架構式構法^{［図4.5］}

軸組構法とも呼ばれ、柱を建てた上に梁桁などの水平材を架け渡し壁の骨組が構成されます。わが国の伝統構法でもあります。地震力などの水平力には、貫や筋かい（ブレース）を入れて抵抗します。接合部には、継手仕口と呼ばれる木組を用いますが、現在は工場であらかじめ機械加工されてくるのが普通です。これを、プレカットといいます。

図4.4　木材を使った構法の例（旧制松本高校校舎）

図4.5　架構式構法の例（在来軸組構法）

・枠組壁構法 [図4.6]

法律上は、「枠組壁工法」と表記します。1974年にアメリカから導入された構法です。断面が2インチ×4インチの木材を主体に壁の骨組をつくり、それに合板を張って水平力に抵抗します。部材間の接合も釘による接合が主体で、複雑な木組は用いないなど、構造面、生産面で合理的な構法になっています。

図4.6　枠組壁構法の例

・パネル式構法 [図4.7]

わが国では1950年代から登場してきた木造住宅構法で、床や壁、屋根などを工場でパネル化し現場で組み立てるプレハブ構法の一種です。機械化率を高めやすいと同時に、現場工期が大幅に短縮され、大工などの熟練工が不足する時代に適しています。また、部品が工場で製造されるため管理もしやすく、品質のばらつきが少ない建物を供給できます。水平力には、パネル壁体が抵抗します。

図4.7　木質パネル構法の例

・丸太組構法 [図4.8]

一般にはログハウスと呼ばれる構法です。正倉院に見られるように古くからある構法の一つで、校木（あぜき）と呼ばれる角材や丸太材を井桁状に積み上げて壁体とし、その上に屋根を載せます。校木の断面が大きいと、断熱効果や調湿効果も望めて木のよさを実感しやすい構法です。現在の丸太組では、耐震性を高めるために積み上げた校木は壁の上から下まで貫通する長いボルトで締めて固定しますので、下のほうの校木が腐ると取り換えるのが大変になります。

図4.8　丸太組構法の例

・大断面構法 [図4.9]

断面積300㎠以上の大きな断面を有する木材（多くの場合は板を接着剤で貼り合わせてつくった集成材を使用）を骨組に利用した構法で、工場や体育館のような大きな空間や大規模な施設をつくるときなどによく用いる構法です。このような施設は、不特定多数の人が使うことが多くなるので、防耐火設計が重要

図4.9　大断面構法の例

になります。木材を露出して使うことを前提とした燃え代設計などの考え方を用いて、木材をデザイン要素として設計することも可能です。部材断面が大きくなるので、接合部には一般に特注の金物が用いられます。

•CLT構法[図4.10]

ヨーロッパで開発され日本でも近年になって注目を集めている、CLT（Cross Laminated Timber:直交集成板）という新しい木質材料（木材を板などに加工したあと、接着剤で一体化した材料）を用いた構法です。サイズが大きく板厚も厚い材料であることから、これだけで床や壁、屋根とすることも可能です。また木材を多量に使うことから、CLT建築を普及させることは、日本の森林資源の有効活用と森林の活性化に役立つものと期待されています。建築構造としての考え方は、壁式鉄筋コンクリートのプレキャスト構法に近いものになります。

鉄筋コンクリートを使った構法[図4.11]

鉄筋コンクリートを骨組に使った構法は、防耐火性や耐震性のみならず耐久性にも優れるため、20世紀以降の主たる構造方式として世界的に定着してきました。近年は、中低層建築だけではなく超高層ビルに適用されることも多く、住宅、非住宅問わず様々な用途の建築物に広く用いられています。

•架構式構法

柱と梁を鉄筋コンクリートで、現場で連続的、一体的につくる構法のため、木造や鉄骨造のような部材と部材をつなぐ接合部はありません。したがって、接合部が変形しにくい構造となることから、一般にはラーメン構造（剛構造）と呼ばれます。現場で鉄筋を組み立て、型枠を組んでからコンクリート打ちをする施工法が主流です。構造がシンプルなため、多くの建物用途に適用可能な構法です。

図4.10　CLT（上）とCLT建築の例

図4.11　鉄筋コンクリートと鉄骨による美術館（石川県金沢市）

・壁式構法

ヨーロッパから始まり、ロシアや中国などでよく使われている構法です。壁や床を工場で鉄筋コンクリートパネルとしてつくり、それらを現場で組み立てるプレキャスト構法が主流です。柱や梁がないために、架構式構法のように柱・梁が室内に出っ張らず、床面積が広く有効に使えることから集合住宅などによく用いられます。

鉄骨を使った構法[図4.12]

鉄骨は、様々な形状に加工しやすく強度や粘りもあるため、超高層建築物や大スパン建築物ばかりでなく、小規模低層な戸建て住宅などにも広く適用されています。鋼材はそのままでは錆びやすく火に弱いため、鋼構造とする場合には、骨組部材の防錆措置とともに耐火性を付与する配慮が重要になります。

図4.12　鉄骨造（一部は鉄筋コンクリート造）による複合建築（長野県松本市）

・架構式構法

形鋼を用いた柱と梁を溶接や高力ボルトにより立体的に接合したもので、接合部は剛接合となるため、ラーメン構造の一種です。構造の単純明快さと施工性のよさから、低層から超高層建物まで、多くがこの構法によっています。

・山形ラーメン構法

屋根の骨組を構成する合掌材と柱が一体に接合された山形ラーメンによる構法で、体育館や工場などの単純な平面形の建物用途によく用いられています。ラーメンに直交する方向の水平力に対しては、複数のラーメンを筋かいで連結し耐える構造となっています。

・トラス構法

変形に対して安定な三角形で全体が構成されるように複数の鋼材をつなぎ合わせた構造をトラスといい、このようなトラスを建物の骨組全体あるいは部分に用いた構法をトラス構

法といいます。細い部材で構造物をつくることができ、橋をはじめ大空間建築物の屋根などに多用されています。施工に手間がかかるのが難点です。

鉄骨鉄筋コンクリートを使った構法

鉄骨の周りに鉄筋を巻き、それをコンクリートで固めたものを鉄骨鉄筋コンクリートといい、これを骨組に用いた構造を鉄骨鉄筋コンクリート構法といいます。周囲がコンクリートで覆われているため、鉄骨だけの鋼構造に比べて耐火性が高く、また鋼材料が多くなる分、耐震性などが向上するとされています。この構法は日本で開発されたもので、主に10から25階建て程度の高層建築物や超高層建築物の下層階に使われることが多い構法です。

組積による構法

石材やレンガ、コンクリートブロックなどを積み上げて壁や骨組をつくる構法を組積造といいます。古代ローマのコロッセオや水道橋などは、代表的な組積造による構造物です。主に無機材料を使うので、耐火性や耐久性に富みますが、日本のような地震が多い国では鉄筋コンクリートによる補強が欠かせません。

その他の骨組構法

その他の骨組構法としては、ケーブルによる吊構法や合成高分子材料による膜構法などがあります。吊構法は柱を使わず大空間をつくる構法として東京の代々木体育館や中国の香港上海銀行本店などが有名です。また、膜構法は、東京ドームなどに代表されるようにスポーツ施設や博覧会のパビリオンなどによく使われます。

以上のように、建築の骨組構法には材料の特性に応じた様々なものがあり、時代や地域性を反映したものとなっています。それぞれの構法にはメリット、デメリットがありますから、

建物の用途や建設地域などの条件に応じて最適なものを選択することが重要です。

また、建築構法と建築生産とは密接な関係があります。より精度の高い高品質な建物を建てようとしたら、現場ですべての工事を行うよりも、なるべく多くの部分の製造を工場に移したほうが効率よく建設できます。このような考え方で生まれた構法を、工業化構法あるいはプレハブ構法などといいます。これからますます熟練した技能者が不足してくるわが国では、それに対応した構法が工夫されていく必要もあります。

構法はそのような建築を取り巻く多様な要因によって変化し、その中での最適解を求めて日々改良されていくものでもあります。

建物を長く使うための学問
「建築病理学」

建築病理学とは

英語で Building Pathology と呼ばれる建築病理学とは、建築物の劣化や不具合（ひび割れ、傾き、変形、沈下など）あるいは欠陥事象を医学分野の用語Pathology＝病理にたとえた名称で、発生した様々な不具合を病気を研究対象とする建築学の一学問分野です。

建築病理学の定義として狭義には、「建築材料、部品に生じた欠陥の研究」(Groak, 1992)と解釈されますが、より広くとらえて「既存建築物の欠陥とその原因および補修方法に関する体系的な取扱い手法」(International Council for Building Research Studies and Documentation [CIB] W086, 1993)のように補修法まで含める考え方、あるいは「既存建築物の欠陥の同定、調査、診断、経過予想、補修設計とその監理、補修建物のモニタリングと評価」(Association d'Experts Europeens du Batiment et de la Construction [AEEBC], 1994)のように補修後の評価までを範囲とする考え方にまで広がりつつあります。

日本では聞き慣れない学問分野ですが、古い建築ストックの多い欧米での歴史は比較的長く、イギリスなどでは現在20を超える大学に建築病理学講座が開設されています。

わが国における建築教育の中でも、建物や材料の劣化に関する基本的内容は、建築材料学や構法などの授業を中心に一部教えられてきたと思われますが、いずれも縦割り的でありかつ体系的なものではありませんでした。建築病理学ではそれらを横断的、体系的にとらえ、各種構造、材料に発生する劣化と不具合に焦点をあてて、その現場での正確な

診断技術の習得と維持管理、補修方法の立案能力を養成することに主眼があります。

建築病理学は、そのような意味でまさに適切なストックの評価と維持管理に欠かせない基礎的な学問であり、今後のストックの長寿命化型社会の実現に向けてわが国においても早急にその整備が求められている分野といえます。

建築病理学発展の経緯

「Building Pathology」という用語はアメリカ・コロンビア大学のJames.M.Fitchによって1985年に同校の科目としていち早く導入されています。欧米では古くから歴史的建築物の保存、修復が盛んで、個別的、経験的に劣化の原因とその補修法に関する知見が蓄積されていたことと、特にアメリカでは建築事故裁判で事故の原因や責任主体を技術的観点から鑑定するための基礎知識としての建築版「Forensic Engineering」が確立されていたことがその背景にあったものと推察されます。Forensic Engineeringとは、しいて訳せば「法工学」となりますが、法律上問題となる事件・事故における死因鑑定の役目をする学問がForensic Medicine（法医学）であるように、人工構造物が致命的な損壊を受けた場合の原因を究明するのがこの学問の目的です。

建築病理学はその後、より広いステージで検討すべき課題として取り上げられるようになりますが、1993年には国際的な建築技術の協議機関であるCIB内にイギリス、イタリア、アメリカ、カナダ、オーストラリアなどの欧米諸国を中心とした45人の専門家によってWorking Commission 086（Building Pathology）が設立され、建築病理学の方法論などに関する研究とともに情報の共有化や理解を促進する事業を推し進めるようになります。その後、このW086は1995年にアムステルダム、1999年にバンクーバー、2003年にリスボンなど世界各地で開催されて建築病理学研究の一拠点を形成しています。

イギリスで建築病理学教育が盛んな理由

先に述べたようにイギリスには20を超える大学に建築病理学の講座があり、それぞれに学生を集めています。イギリスで建築病理学が一つの重要な学問体系と位置づけられている背景には、以下のような建築ストックは長持ちさせることが当たり前とする考え方とそれを支える社会的な仕組みがあると考えられます。

長寿命な建築ストック

イギリスでは中世に建てられた木造建築が多数残っていますが、それらの多くは傾いたり歪んだりしています。それらを機能上支障のない程度にまで修正あるいは補修することで使い続けている例は多くあります。**図5.1**は、イングランド南東部SuffolkのLavenhamに残る15世紀末に建てられた住宅です。日本であればとっくに地震で潰れていそうなほど傾いていますが、イギリスが大きな地震や台風などの少ない国であることとともに、木造という構造ならばこそ粘り強く残った建物の例といえます。

図5.2は、イングランド南西部HerefordshireのLedburyに残る17世紀半ばに建てられた木造3階建てのホテルです。幾多の所有者の変遷を経て今でもホテルとして利用されていますが、内装、設備はもちろんのこと、写真に見るように外装もこまめにメンテナンスされながら良好な状態が維持されています。

図5.3も同じ町の伝統構法による木造商店建築ですが、内装の模様替えと合わせて躯体木部の補修を行っています。傷んでいた部材は新しいものと交換するか根継ぎをし、さらに断熱材を新たに挿入することで現代の水準に合う建物改修をしています。このようないわゆる「性能向上リフォーム」をすることで、古くから残っている建築物を実用に耐える状態にして使い続けていくのがイギリスの通例です。

図5.4は用途変更（コンバージョン）工事の例です。納屋だった

図5.1「傾いた家（The Crooked House）」と呼ばれる木造民家／築後500年近く経過しているが、イギリスにはこのような状態でなお使用され続けている木造建築物が多数残っています。危険な場合は金物、鉄筋で補強されているケースもあります

図5.2　木造3階建てのホテル／17世紀半ばの建築。外壁の柱、梁、塗り壁部分の補修工事中。かつてビクトリア朝以前、外壁木部はしっくいで塗り込められていた時代が長くありましたが、19世紀後半からそれらの塗り壁材をはがして、もとの木材を現しにして黒く塗るのが流行となりました。これを指して木造建築物をBlack & White Buildingと呼ぶようになったといわれています

図5.3　木造商店建築の外壁リフォーム工事例／一部の傷みの激しい柱、梁、土台は交換され、柱脚部には根継ぎが施されている部分も見えます。このような伝統構法の補修技術の継承は、イギリス各地でずたれることなく続いています

図5.4　用途変更工事中の木骨レンガ造の建物／もともとは納屋だった建物を住宅に改修中のものです。使える木材はそのまま残し、壁のレンガ積みなどは新しくなっています

木骨レンガ積み構造の建物を、傷んだ部材を補修、交換しながら現代的な住宅建築につくり替えています。このように既存建物の用途変更をしながら、古い建物を使い続けることもイギリスでは盛んに行われています。

長寿命ストックを支える社会的仕組み

以上のようにイギリスのストックは、維持管理、補修・改修が継続的に実施されて長い寿命が保たれていると考えられますが、この継続的なストックの維持管理、補修・改修が行われる背景には、そのインセンティブ（誘因）となりうる法的、制度的仕組みが存在することがあげられます。

そのうちの一つは、Housing Act（住宅法）に基づいて構造的、環境衛生的に不適格な住宅をチェックする仕組みです。チェックの結果が中古住宅の売買価格に影響することがあり得ることから、これが住宅の維持管理、補修・改修をこまめに行う原動力の一つとなっています。この不適格住宅調査は、住宅状況調査（House Condition Survey）と呼ばれ、**表5.1**に示すような項目について現地調査を行い、すべての項目に合格しないと不適格と判断されます。

図5.5は、1996年時点における建築時期別の不適格住宅の構成割合を示したものですが、1900年以前に建てられた住宅でも、不適格の割合は2割以下にとどまっていることがわかります。すなわち、築年数の古い住宅も、大多数はつね

表5.1　住宅状況調査（House Condition Survey）における適格性検査項目

> ・（自重、積載荷重、風荷重に対して）構造的に安定していること
> ・深刻な未補修箇所（構造、仕上げ、漏水、感電、爆発関連）がないこと
> ・居住者の健康に影響するような湿気、結露、カビが生じていないこと
> ・各居室に適切な照明（開口率を含む）、暖房、換気設備がされていること
> ・適切な給水設備（適切な流水量を含む）がされていること
> ・温冷水双方の供給ができる流し台を含めて、調理に十分な設備がされていること
> ・居住者だけが利用できる適切なトイレがあること
> ・居住者だけが利用できる温冷水双方を兼ね備えた浴室、シャワー、手洗い器が設置されていること
> ・汚水、雑排水のための適切な排水システムが設備されていること

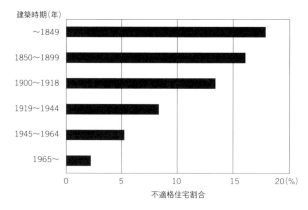

建築時期(年)

図5.5　1996年時点におけるイングランドの建築時期別不適格住宅の割合

に現代の居住水準に合うように維持管理、補修・改修をしながら使われ続けていると考えてよく、住宅の長寿命化に貢献している仕組みといえます。

ストック長寿命化を支える二つめの仕組みとしては、以上のようなストックに対する維持管理、補修・改修が行き届いた建物は、築年数にかかわらず売買価格が低下しにくい不動産市場が形成されていることをあげることができます。近年、日本でもようやくそのような市場が形成されつつありますが、イギリスでは住宅に限らず車や家具、家電品さえも中古品を転売しながら使い回す習慣があります。このような建物を使い回す市場環境が整っていることは、住宅ストックをメンテナンスするもう一つの大きなインセンティブとなっています。

大量の長寿命ストックを背景としたビジネスの成熟

結果としてイギリスにおける住宅市場はストック中心の取引となっていて、新築は市場全体の12%程度の規模にとどまり、わが国の新築80%以上の住宅供給とは正反対の状況となっています。このようなストック中心の市場では、ストック建築物の購入前評価の手続きとして劣化診断や補修・改修設計、あるいは建物の担保価値の評価や適法性の評価などを行うことが日常となっており、ビジネスとして十分成り立つボリュームを形成しています。もちろん、そのためには顕在

木材の細胞

木材の細胞は生長過程で原形質などが消滅し、空洞になります。草花などと大きく異なる木材特有の現象です。細胞は水分や養分の通路の役目を終えると、死細胞となり、樹体を支える役目を担うようになります。このように木材の細胞は時間の経過とともに、ダイナミックに変化しながら、樹木の存続を支え続けるのです。ところで、この細胞の実質部分をつくっている細胞壁は複数の層から構成されています。それぞれの層はセルロース、ヘミセルロース、リグニンなどの繊維でつくられていますが、各層のそれぞれの繊維の方向が巧みに変化して空洞の細胞を外力などで潰れないように守っています。木材が高い強度を発揮できるのは、木材をつくっている細胞がこのような構造であることに理由があります。

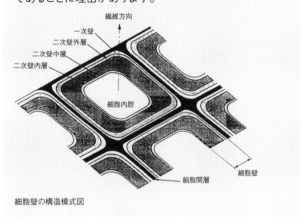

細胞壁の構造模式図

化している劣化や不具合は当然のこと、潜在する劣化や欠陥も一定の実態調査のもとに明らかにすることが求められますが、そこに建築病理学が必要とされる理由があり、大学における建築病理学教育が成立している背景があります。

イギリスにおける建築病理学の内容

建築病理学は建築物における欠陥や不具合の診断、補修

方法の提案、またそれらを基礎情報とした建物価値評価など
が骨子となります。そのためには、まず建築物の詳細にわた
る知識と理解が基礎となります。そのうえで、劣化診断手法
とそのための現地調査手法に関する知識・技術を確立し、さ
らに補修・改修方法の提案能力あるいは建物価値評価方
法を身につけなければなりません。イギリスにおける建築病
理学研究で著名なレディング大学の学部レベルの科目である
「Building Pathology」コースの一学期のシラバスを示せば
以下の通りです。

① 目的　このコースは将来職業として建築に携わる学生の
　ために構成されています。その第一の目的は建物の本質
　と劣化を理解することであり、ついで建物評価方法に関
　する知識を提供することです。このコースは建築技術に
　関する基礎知識があることを前提とします。

② 内容概要　「建築物の劣化」「劣化の原因とその制御法」
　「建物評価法」

③ プログラム　このコースは以下の三つの要素で構成さ
　れています。1) 講義、2) 個別学習、3) プロジェクト（課題実
　習）。教員は学生が広範な文献調査あるいはプロジェクト
　作業を通じて構築する知識の骨格部分の情報を提供し
　ます。

④ 評価　プロジェクトの出来により評価します。プロジェクト
　は実際の建築物の不具合と劣化に関する分析に基づい
　て評価する内容のものとなります。評価点が40%を下回
　る学生は教員が適当と認めた他の課題について再提出
　が必要となります。

⑤ 講義スケジュール[表5.2参照]

以上のように、授業はひと通り建築学の基礎を修得した学
生が対象となり、成績評価の主要な部分は前半の講義を
踏まえたうえで実施される現地調査報告の出来によることと
なっています。つまりどれだけ実務に耐える実践的能力を身
につけたかが評価されることになりますが、その理由にはこ
の科目の履修者の多くが建築病理学の知識を基礎として、

表5.2　レディング大学における建築病理学コースの科目シラバス例（講義内容）

第1週	建物評価	各種建築物評価と検査の目的、方法、利点と限界などを理解する。また建物評価に関する法的要求を理解するとともに、評価のための調査に必要な手法についての知識を身につける。
第2週	劣化の原因	自然や人がどのように建物を劣化させるのか、あるいは不適切な設計や施工、様々な自然外力がどのように建物を劣化させるのかを理解する。
第3週	水分浸入の影響	建物への水分浸入の原因と結果について理解する。地盤からの上昇性湿気と雨水などの浸透性湿気との違いを知ると同時に、その補修方法を学ぶ。さらに湿気侵入状況を分析する機器の使用方法と診断法を学ぶ。
第4週	腐朽と虫害	建物を侵す腐朽菌の種類、性質、劣化症例、補修方法のほか、建物を侵す害虫の種類、性質、特徴、劣化症例、補修方法について説明する。
第5週	構造的不具合	建物基礎の挙動の種類、原因とともに、微少な挙動と大きな挙動の違いを理解する。基礎の挙動に与える樹木、地盤、不適切な排水、交通振動の影響についても理解する。
第6週	建物各部のひび割れ	建物各部位に生じるひび割れの種類と原因を理解し、どのように乾燥収縮、吸湿膨張、熱応力などが発生し、それらがどのように調査測定できるかを学ぶ。
第7週	勾配屋根の腐朽	屋根勾配、方位、葺き材寸法などと腐朽との関係を理解できるよう、勾配屋根の構造、老朽過程などについて紹介する。同時に欠陥材料や欠陥工事がどんな屋根構造の劣化に関係し、それがどう症状として現れるかを理解する。
第8週	陸屋根の腐朽	陸屋根の構造と仕上げに見られる不具合を紹介する。典型的な陸屋根に見られる不具合現象を見分けられるよう屋根防水材料、仕上げ材の種類と不具合事例を紹介する。
第9週	床の劣化と不具合	床がどのように不具合を発生し、その結果どんな症状が床などに現れるかを理解する。不十分な換気と不適切な防湿が、どのように床組材を劣化させるかも紹介する。
第10週	コンクリートの腐食	コンクリート材料について説明するとともに、不適切な調合設計や添加物あるいは不十分な品質管理がいかに早期劣化と不具合を招くかを示す。不具合の具体的症例を見分けられるようにする。
課題プロジェクト		・本プロジェクトの主目的は、建物劣化に関する学生諸君の知識を評価することである。 ・本プロジェクトは少数の建物についての観察と分析が基礎となるいくつかの課題から成り立っている。 ・プロジェクトの成果は、以下の枠組みによって評価される。 　1）提出物の適合性 　　提出物が要求条件をすべて満たしていること（20点満点） 　2）情報分析 　　建物不具合の説明と解説が十分なされていること（20点満点） 　3）技術的な正確さ 　　提示されている情報の技術的正確さ（30点満点） 　4）IT利用度 　　IT技術の利用と応用がどの程度されているか（10点満点） 　5）参照資料等の利用 　　プロジェクトをまとめるにあたって参照した資料、文献の量と質（10点満点） 　6）プレゼンテーション 　　書式の適切さ、使用した写真・図面などの質、文章の文法的な正確さ（10点満点）

建築ストックを中心とした建物検査・評価を職能とする技術者になっていく現実があります。その多くはRoyal Institution of Chartered Surveyors（RICS）と呼ばれる組織に属して活動することになるようですが、この組織は非公式には約210年、公式に認められるようになってからでもすでに150年近い歴史のある組織で、会員数はイギリスだけで4万人超、英連邦を含めた全世界では12万人にのぼる大きな組織です。イギリスのこのような建物診断・評価技術者の層の厚さは、とりもなおさずストック診断のニーズの大きさとともに、ストックの寿命の長さが少なからず彼らの貢献によるものであることを示しているように思われます。

今後、わが国でも建築病理学が
必要になる理由

日本でも建物長寿命化社会の実現に向けて、今後このような建物ストック診断・評価を専業とする公的な技術者資格の整備を進めていく必要があると思われます。既存のストック住宅をメンテナンスしながら長期にわたって使い続けると、社会的に次のようなメリットが生まれるとよくいわれています。
① 資源、環境問題の軽減
② 廃棄物量の削減
③ 新築戸数減少に伴う新たな雇用の創出
④ 高齢化社会への対応（住居費から社会保障費へ）
しかし、メリットはそれだけでしょうか。冒頭にも書いたように、従来のような短い寿命の住宅をつくり続けるとすれば、親、子、孫という各世代がそれぞれ自分の住む家を建てなければならなくなります。これはとりもなおさず個人の生活に大きな経済的負担となってのしかかってくることは、今までの日本人がいやというほど味わってきた悲劇であり、住宅の長寿命化は、まさにこの個人が従来負っていた負担を軽減することに第一義的意味があると考えるべきだと思います。

阪神淡路大震災の被災状況を視察したフランス人哲学者が、いみじくも「日本という国が豊かなのは、日本人が貧しいからだという逆説が成り立つように思える」といったことがある日の新聞で報じられていました。日本人の生活が彼のいうように貧しいとすれば、その大きな原因の一つは、個人の最大の資産である住宅の寿命の短さにあると考えられ、住宅ストックの長寿命化を達成して、個人の生活の豊かさを実現することはその意味で緊急かつ重要な課題であるといえるでしょう。

図版出典
図1.3,5　独立行政法人環境再生保全機構HPより
図1.4　（一社）日本鉄鋼協会資料より作成
図2.6　Gerhard SCHICKHOFER, Institute of Timber Engineering and Wood Technology, TU Graz CLT-Forum 2013（KOCHI資料より）
図3.5　住宅相談統計年報、日本住宅リフォーム・紛争処理支援センター、2014
図4.2,3　『建築構法』（市ヶ谷出版社）を元に作図

参考文献
・Davis S. Watt, Building Pathology, Blackwell Publishing, 1999
・Samuel Y. Harris, Building Pathology, John Wiley & Sons, 2001
・Kenneth L. Carper, Forensic Engineering, CRC Press, 1998
・CIB W086 Report, Building Pathology A State-of-the-Art Report, 1993
・Office for National Statistics, Housing in England, 1996/1997
・Stephen Mika, Building Pathology Course Guide and Lecture Schedule, 2002/2003

Part 2

建築生産

建築生産概論

建築生産について学ぶにあたり、建設業という産業の概要
や建築生産全般に関わる特殊性など、基本的な事項を理解
しておく必要があります。

建設投資と建築生産

建設業はわが国の主要な産業の一つです。1990年代のバ
ブル経済期など、建設投資*1が国内総生産（GDP）の20%近
くを占めていましたが、近年では10%前後になっています。
2016年度の見通し値では、GDP537兆3000億円に対して

*1——建設投資……有形固定資産のうち、
建物および構築物に対する投資（建物およ
び構築物の生産高）

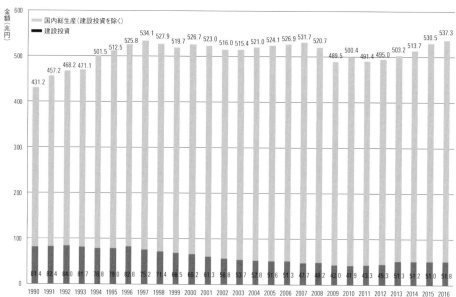

図6.1　国内総生産と建設投資の推移

約51兆8000億円が建設投資でした。

建設投資の波及先は裾野が広いといわれ、中間投入されている各種資材の価値が半分程度を占めています。建設業自体が生み出した実際の価値は、2016年の見込み値でGDPの5.6%程度に相当するおよそ29兆7000億円でした。建設投資には、建築と土木への投資額が合算されており、近年における建築の比率は50〜55%程度です。

工事の発注者について見ると、建築工事では公共工事[*2]の比率が低く、民間工事[*3]の比率が9割以上を占めています。また、建物用途別では住宅工事が6割近くに上り、人口は減少しつつも、住宅建築のニーズは依然として根強いように見えます。なお、住宅の60%近くが木造でしたので、国内における建築工事の3割強は、木造住宅工事であることがわかります[*4]。

*2——公共工事……国や地方自治体が発注者
*3——民間工事……個人や企業が発注者

*4——いずれも工事費ベースの統計値による割合

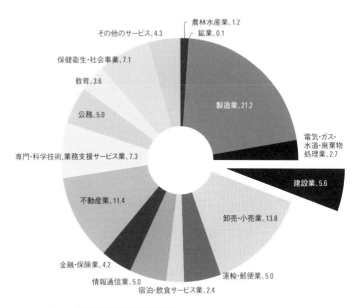

図6.2　経済活動別国内生産額の割合

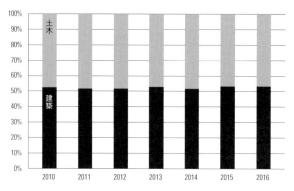

図6.3　建設投資における建築と土木の比較

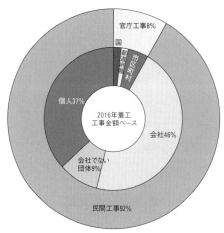

図6.4　建設工事の発注者

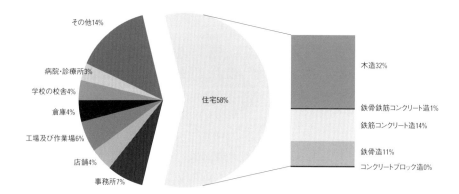

図6.5　建物用途別工事費の比率と住宅の構造種別

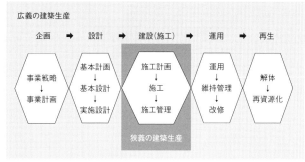

図6.6　建築生産のプロセスフロー

広義の建築生産、狭義の建築生産

建築物のライフサイクル全体を俯瞰すると、**図6.6**に示すようなプロセスとなります。

「建築生産」という言葉からは、現場で槌音高く工事が行われている光景を連想しますが、図示した一連の活動が、広い意味での建築生産と考えられています。

施工（せこう）と呼ばれる工事現場における生産活動は、狭い意味での建築生産ととらえられますが、このPartでは、主にこの狭義の建築生産に焦点を当てて述べています。

建築生産システム

システムとは、インプットをアウトプットに変換する機能をもつ仕組みを意味し、建築生産に関していえば、建物を構成する各種の素材・材料などのインプットを変換し、アウトプットとして建物を創造するものです。

建築生産システムを概念的にまとめると**図6.7**のようになります。

ここには以下の生産要素[5]が関わっています。

生産主体:施工に携わる労働者
生産手段:施工に用いる機械・工具

*5──「生産」という単語のJIS規格における定義は「生産要素である素材など低い価値の経済財を投入して、より高い価値の財に変換する行為又は活動」とされています（JIS Z 8141-1201）

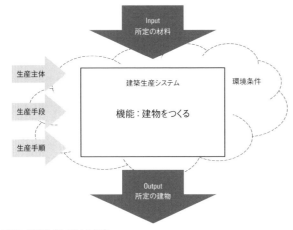

図6.7　建築生産システムの概念

生産手順:施工に必要とされる施工技術、技能
環境条件:現場の環境条件および施工により生じる影響

7章以降では、これらに関わる事柄を述べていきます。

建築生産の特殊性

一つひとつの建物は、それぞれの発注者がもつ事業計画や
生活プランに基づいて設計が行われ、そこに設計者の個性
や理念が反映されてきます。また、建物は敷地と不可分の関
係にあるので、それぞれの敷地に法令等で与えられた規定、
敷地のもつ傾斜や土質・地盤の性状、接道の方位や隣接
する構造物の有無等、多岐にわたる制約条件を総合的に
評価・判断し、最適と考えられた建物が設計されます。
このような理由から、建築生産は必然的に一つの建物を受
注した都度手がける「単品受注生産」とならざるを得ません。
少品種の製品を大量生産する一般的な工業製品の場合に
は、専用の生産ラインを設け、専従する作業員を雇用・育成
することができます。
一方、建築生産においては、受注の都度、必要とされる資

機材や労働者を集めて、最適な生産体制を構築します。また、建築生産は現地における屋外生産が原則です。時々刻々変化する環境の中で、一時的に設けた機械設備や足場を利用して、生産活動を進めなければなりません。

このような特殊性をもっているため、建築生産においてはきめ細かな計画・管理が不可欠であると同時に、臨機応変の対応を実践する創造性・柔軟性が重視されます。それゆえに、建築生産に携わることは苦労も多いのですが、やりがいと魅力ある仕事であることを認識してください。

建築生産に関わる人

住宅や工場など、新たな建物のニーズをもって建築生産を依頼する人を発注者と呼びます（施主、建築主、事業者などとも呼ばれます）。

発注者の意を受け、建物のあるべき姿、具備すべき機能・性能・品質を設計図書[6]として見えるかたちに表す人が設計者です。

*6——11章参照

設計図書に基づいて建物をつくる者が施工者です（受注者、請負者などとも呼ばれます）。一般的な新築工事の場合には総合工事会社が元請会社としてこの役割を担い、元請会社の指導・管理のもと、現場で実際に作業を担当するのは、下請会社あるいは協力会社と呼ばれる各種の専門工事会社です。

ところで、多くの発注者は建築に関する技術的な知識や経験を十分にもっていません。そこで発注者に対しては、技術的な補佐役として監理者を選任し、竣工する建物の遵法性並びに要求品質を担保する監理業務を委託すべきことが、建築基準法に定められています。

以上の四者が目標と情報を共有し、相互に尊重し合って取り組むことが、建築生産の要諦といえます。

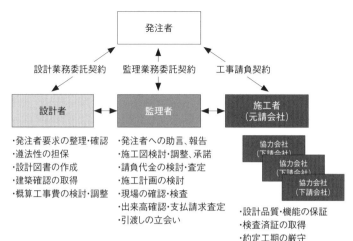

図6.8 建築生産に関わる者

見積りと入札、請負契約

設計作業が終わると、所要とされる工事価格の算出を施工者に依頼し、見積書が作成されます[7]。

通常、発注者が施工者を選定する際は、見積り合わせ（入札）が行われ、原則として最安値を提示した会社が工事を請負うこととなります[8]。民間工事では、発注者が特定の施工者のみを指定して工事を発注する場合がありますが、このような発注方法を特命と呼びます。

工業製品のように機能・性能を確認できる完成品を購入する場合とは異なり、建築生産は、設計図書通りに建物をつくる行為そのものを施工者に依頼します。このように、「当事者の一方（施工者）が『契約の目的（物）の完成』を約し、相手方（発注者）がその仕事の結果（完成）に対して報酬を支払う契約」を請負契約といいます。

わが国では、奈良時代に行われた近江石山寺の造営工事で請負の概念に則した文書が残されているなど、古くから商習慣として定着していたようです。

*7──まず図面を精査し、必要な材料・資機材についての数量を算出・集計します。この作業を積算と呼びます。
ついで積算数量に必要最小限と思われる単価を乗じて工事費を算出します。この作業を値入れと呼びます
工事費に所要とされる諸経費等を加え、工事価格の見積書が完成します。
*8──「安かろう、悪かろう」という粗雑な工事を防ぐ目的から、公共工事では「最低制限価格」を設定し、この価格を下回った会社は失格となる仕組みもあります

内訳書

名称	品質寸法	称呼	数量	単価	金額	備考
鉄骨						
鋼材		式	1		55,000,000	内訳別紙参照
ボルト類材料		式	1		2,500,000	内訳別紙参照
工場加工		t	520.0	145,000	75,400,000	
工場溶接		m	42,000.0	400	16,800,000	
錆止塗装	JIS.K-5674 2回塗	m2	6,400.0	630	4,032,000	
合番本締		t	520.0	2,800	1,456,000	
現場溶接		m	4,500.0	1,100	4,950,000	
現場溶接(ウェブかち上げ)		m	1,100.0	1,300	1,430,000	
運搬費	トレーラー使用	t	520.0	18,000	9,360,000	
スタッドボルト	材工 19φ L=100 梁上用	本	12,500.0	130	1,625,000	
スタッドボルト	材工 19φ L=175 梁上用	本	1,800.0	220	396,000	
スタッドボルト	材工 19φ L=100 梁横用	本	150.0	1,000	150,000	
超音波探傷試験費	第3者	式	1		2,600,000	内訳別紙参照
高力ボルト軸力試験	材工	式	1		200,000	
建方鳶手間		t	520.0	10,000	5,200,000	雑鉄骨共
アンカーボルト取付	ベースモルタル共	式	1		250,000	内訳別紙
耐火被覆		式	1		29,000,000	内訳別紙
小計					210,349,000	

図6.9　見積内訳書の例

工 事 請 負 契 約 書

発 注 者 　　　　　　　　　　会 社 　と

受 注 者 　　　　　　株 式 会 社 　とは

(工 事 名) 　　(仮称) 　　計画

の施工について、次の条項と添付の工事請負契約約款、内訳書、設計図、仕
様書、要項書にもとづいて、工事請負契約を締結する。

1. 工 事 場 所 　　東京都　　　　　　　　　他

2. 工 　　　　　期 　　着 手 　平成27年 1 月15日
　　　　　　　　　　　　完 成 　平成29年 8 月31日
　　　　　　　　　　　　引渡日 　平成29年 8 月31日

3. 請負代金の額 　　金20,325,600,000円
　　　　　　　　　　うち 工事価格 金18,820,000,000円
　　　　　　　　　　取引に係る消費税
　　　　　　　　　　及び地方消費税の額 　金1,505,600,000円

図6.10　工事請負契約書の例(何を、いつまでに、いくらで完成させるかを明記)

建築生産と労務

建築生産を主体となって営んできたのは人です。本章では、主体となって働く人に焦点を当てて記します。

建築生産の就業者・許可業者

前章に記したように、建設業はGDPの5.6%の価値を生み出しています。建設業の就業者は**表7.1**に示すように、就業者全体のおよそ8%強にあたります。

労働集約的な建設業は、生産する価値に比して就労者の数が多く、他産業に比して労働生産性を改善・向上する余地が残されているといえます。

建設業の営業許可を取得している会社[1]は、約46万5000社弱に上ります。その98.8%は、資本金が1億円未満で、ほとんどの会社が中小企業に分類されます[2]。

[1]──建設業法で、500万円以上の工事を行う会社は、建設業の営業許可を取得していなければならないと定められています
[2]──中小企業基本法において、建設業では資本金3億円以下の会社を中小企業と定めています

表7.1　おもな産業別就労者 （万人）

	（万人）
農業、林業	160
建設業	501
製造業	1046
情報通信業	199
運輸業,郵便業	344
卸売業,小売業	1100
学術研究,専門・技術サービス業	217
宿泊業,飲食サービス業	391
生活関連サービス業,娯楽業	231
教育,学習支援業	319
医療,福祉	804
サービス業（他に分類されないもの）	431
公務	227

建設業の就業者数と建設業許可をもつ会社数は、徐々に減ってきています。1990年代前半に建設投資がピークを越えて以降、就業者は1997年度の685万人から3割近く、許可業者も1999年度の60万社から2割以上減少しており、その減少に歯止めがかからないことが、建設業の直面する課題を浮き彫りにしています。

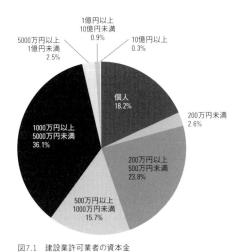

図7.1　建設業許可業者の資本金

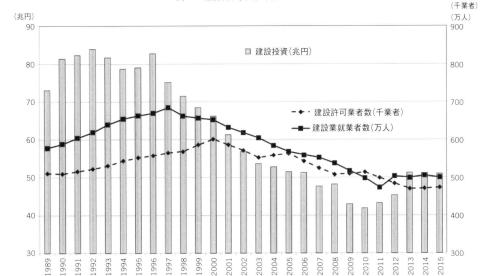

図7.2　建設投資額、建設許可業者数、建設業就業者数の推移

多様な職種

建築生産は、掘削工事から躯体工事、仕上げ・設備工事のように、定められた手順に沿って進められます。そこでは一人の棟梁や作業員がすべての作業に携わるのではなく、鉄筋を配置する者、型枠を組み立てる者、コンクリートを打設する者のように職能ごとに分業され、異なる作業員が分担して進めてゆきます。鳶(とび)工、大工、左官工等の職種名を耳にしたことがあると思います。

建設業の許可は、職能ごとに29職種が定められており、厚生労働省が認定する技能士と呼ばれる技能職は、建築生産に関係するものとして35種を定めています。

表7.2 建設業許可の対象となる29業種

・土木一式工事	・鋼構造物工事	・熱絶縁工事
・建築工事一式	・鉄筋工事	・電気通信工事
・大工工事	・ほ装工事	・造園工事
・左官工事	・しゅんせつ工事	・さく井工事
・とび・土工・コンクリート工事	・板金工事	・建具工事
・石工事	・ガラス工事	・水道施設工事
・屋根工事	・塗装工事	・消防施設工事
・電気工事	・防水工事	・清掃施設工事
・管工事	・内装仕上工事	・解体工事
・タイル・れんが・ブロック工事	・機械器具設置工事	

表7.3 建設生産に関係する35技能士

・造園	・築炉	・内装仕上げ施工
・さく井	・ブロック建築	・熱絶縁施工
・建築板金	・ALCパネル施工	・カーテンウォール施工
・冷凍空気調和機器施工	・タイル張り	・サッシ施工
・機械木工	・畳製作	・自動ドア施工
・建具製作	・配管	・バルコニー施工
・石材施工	・厨房設備施工	・ガラス施工
・建築大工	・型枠施工	・ウェルポイント施工
・枠組壁建築	・鉄筋施工	・塗装
・かわらぶき	・コンクリート圧送施工	・路面標示施工
・とび	・防水施工	・広告美術仕上げ
・左官	・樹脂接着剤注入施工	

重層下請

分業・専業化された建築生産を行うためには、多職種にわたる作業員を集めなければなりません。発注者にはそのような経験も知識も乏しいので、総合工事会社と請負契約を結び、建築生産全体を一つのまとまった工事（一式工事）として請け負わせます。このような総合工事会社が元請会社あるいはゼネコン*3と呼ばれています。

*3——General-Contractorの略称

元請会社にとって、作業員や建設機械等を自社で保有すると、受注量が減少した際の固定費負担が非常に大きくなってしまいます。そこで元請会社は、これらを極力外部に依存した身軽な経営体質を目指し、請負った工事の内容を見極めて必要とされる材料、作業員、資機材等を外部から調達しながら工事を進めます。その調達先となるのが、専門工事会社と呼ばれる工種別・職種別の協力会社です。

元請会社が各専門工事会社と締結する契約を下請負契約と称し、元請会社から仕事を請けた専門工事会社は、下請会社あるいはサブコン*4と呼ばれます。元請会社から仕事を請ける下請会社自身も、身軽な経営体質を志向しています。下請会社が請負った工事がさらに細分化された専門工事会社に委ねられ、孫請あるいは二次下請などと呼ばれるかたちで再下請の契約が締結されてゆきます。

*4——Sub-Contractorの略称

このような関係が繰り返される結果、数次にわたる下請負契約が結ばれ、**図7.3**に示すような重層下請と呼ばれる施工体系が構築されます。

あくまでも経営の効率化を求めて構築された重層下請ですので、品質や安全の管理に関する権限と責任の曖昧さ、末端にゆくほど低下する賃金や福利厚生の水準等、様々な問題を生む要因となっていることは否めません。これら負の体質の改善については、長年にわたり業界をあげて取り組むべき課題と認識されてきましたが、その改善はいまだ途上にあると考えられています。

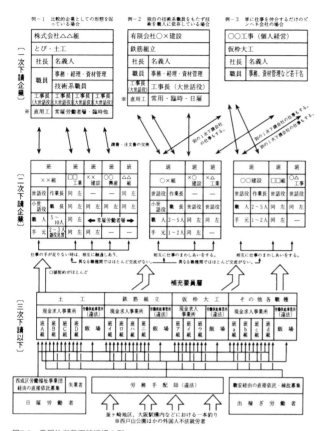

図7-3　重層的労務下請機構の例

労務の特徴

建設業は従来から、景気対策や季節労働者（出稼ぎ）の受け
皿としての機能をもち、繁忙の度合いに応じて作業員を集め
る傾向があります。それゆえに、福利厚生面での整備や適
正な労務単価の設定、労働時間の管理などが等閑にされて
きた面が否めません。

また、屋外作業は天候の影響を受けるため、約定工期を守
るために効率の上がらない夜間や休日等の所定時間外で
の作業を余儀なくされることもあります。結果として、労働時
間が不規則で長くなることを余儀なくされ、全産業平均の年

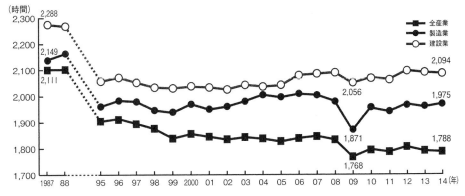

図7.4　年間労働時間の推移

間総実労働時間に対して、建設業では約2割近くも長いような状況が見受けられることにつながっています。

以上のような事柄を踏まえると、建築生産における労務の特徴は、次のようにまとめられます。

① 安定した仕事の確保が容易でない

② 複雑かつ流動的な重層下請制度が前提

③ 景気に応じて賃金が変動し、その幅も大きい

④ 保険、年金、退職金等の社会保障が不十分

⑤ 作業環境が一定でなく、劣悪な場合も散見される

⑥ 労働時間が不規則・長時間になりがち

労働者の不足

近年の求職者には、賃金の多寡よりも精神的・肉体的な苦労が少なく、時間的に束縛されない仕事を選ぶ傾向が見受けられます。これを反映するように、1980年代から建設業への若い入職者が減少する状況が続いており、就業者の高齢化が着実に進行しています。

この状況を看過すれば、高齢を迎えた離職者の増加によって加速度的に就業者の減少が進み、近い将来に建設業を維持すること自体が困難になると危惧されます。

この件については、政府による外国人労働者受入れの検討、国交省による福利厚生の充実・改善指導、業界団体に

よる女性技術者や技能者の育成と活用奨励など、官民をあげて取り組む喫緊の課題となっています。

技能労働者の育成

手に職をもって信頼に足る仕事をするためには、一定水準以上の技能を修得することが必須です。そのために各企業

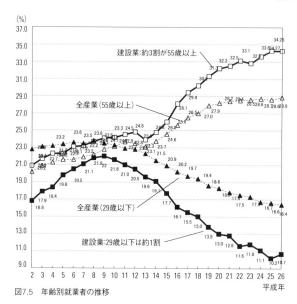

図7.5　年齢別就業者の推移

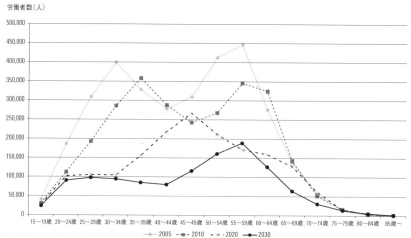

図7.6　技能労働者の将来予測

や職業訓練校は、技能検定を経た国家資格の取得を奨励するなど、働く者の技能習得を支援すると同時に、仕事に対する意識と意欲の向上に取り組んでいます。

一方、現代においても、徒弟による技能の伝承や技能労働者の育成が行われています。徒弟とは、数年を超える年季奉公(養成期間)を経て、一人前の職人として独り立ちさせる制度のことを指します。

図7.7　徒弟による加工場での下拵え

年季奉公の間、徒弟は親方のもとで兄弟子らと寝食を共にし、材料運びや食事の準備などの雑用の傍に下拵(したごしら)えを通じて仕事の段取りを覚え、徐々に鉋(かんな)の砥ぎ方や鋸(のこぎり)の使い方などといった技能を習得してゆきます。そこでは系統立った教育・訓練がなされているわけではありません。徒弟制度においては、技能とは見よう見まねで盗むもので、知恵と工夫と経験を通じて高めてゆく姿勢が求められます。傍から見れば非科学的、非開放的、非合理的に思われるかもしれませんが、技能を習得するうえで幾多の優れた点があったことも指摘されています。

いずれにしても、建築生産を維持・発展させてゆくうえで、人材の育成が重要であることに議論の余地はありません。

表7.4　徒弟制度の一例

採用	毎年2〜3人採用。最初に必要最小限の道具を与える。
	はじめの1ヶ月の仕事ぶりで、不採用となる場合あり。
修行期間	6〜10年間。
	1年目:雑用、道具修理、道具研ぎ、鋸引。
	2〜3年目:道具研ぎ、建前手伝い。
	4年目以降:技能習得。
	修行期間を終えると独り立ちしてゆく。
日課	6:00起床、6:30朝食　(朝食は一番若い者がつくる)。
	8:00〜18:00作業。
	18:00〜夕食。
	22:00頃まで道具の手入れ、翌日の段取り、朝食準備
	平日は私用外出禁止。
休業日	基本は日曜日。但し、平日に雨が降った場合や忙しい時期は休日返上。
	日曜は翌日からの作業の段取りのため門限19:00。
長期休暇	正月休み7日間程度、お盆休み4日間程度。藪入りと称する。
給与	見習いのため小遣程度。食事は支給。

建築生産と機械・工具

建築生産において、素手で容易にできる作業はありません。そのため、古来から様々な機械や工具を活用してきました。本章ではこれらの機械や工具について記します。

工具の始まり

建築生産では取り扱う材料の種類も多く、非常に細やかな作業から重量物を取り扱う作業まで、切断・加工・組立に適した多種多様な機械や工具が使われています。

200万年ほど前、人類の祖先は石を使って狩猟・採取を始めたといわれています。わが国でも、縄文の中期頃から木工用に磨製石斧が使われたようであり、今から1800年ほど前には、鉄製の大工道具が使われ始めたようです。

図8.1　石斧の複製（竹中大工道具館所蔵）

職人と工具

職人はひと通りの工具を揃えていないと一人前の仕事をなすことができず、仕事に対する責任が果たせないと考えられてきました。工具はかけがえのないものとして細心の注意を払って手入れをし、大切に取り扱うこと自体が、仕事に対する使命感と忠誠心の表れとされていたのです。

工具を供給する側にも鋸鍛冶（のこぎりかじ）ならどこそこ、鉋鍛冶（かんなかじ）なら浅草の何某などの名匠・名工が生まれました。徒弟の小僧のような身では、そのような高級な工具を揃えられず、まずは小遣い銭で鉋の台となる木を買い、夜なべで自分に合った工具をつくって、仕事にも工具にも愛着を深

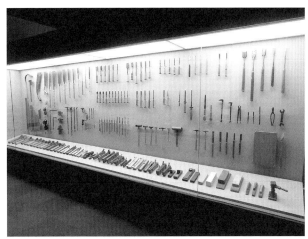

図8.2　大工道具一式（竹中大工道具館所蔵）

めていったのです。

太くて強い構造材から精緻な仕上げが求められる造作材や家具に至るまで、広範な仕事を手がける大工は、特に多様な工具を必要とします。大工道具が最も進歩・発達したのは明治末期から昭和初期にかけてとされていますが、当時の大工道具一式を見ると、きめ細かい匠の技の具現化には多様な工具が必要とされることをあらためて認識させられます。

工具から機械へ

ローマの建築家ウィトルウィウスは、BC25年頃に著した建築書で、「機械は木材で結合して組み立てたものである。それは円を利用した回転運動で動かされる」と述べており、主に利用できる力の大きさに着目して「多くの人手よりも大きな力を起こすものが機械であり、一人の手により巧妙な作業を行うものを道具」と定義しました。

工具や道具と呼ばれるものは、主に人力の作業を担うもので、原動部（金槌の柄にあたる握りの部分）と作用部（金槌の頭のような働く部分）が一体になっているのが特徴であるとされています。

これに対して、動力を生み出す原動部分と動力を増幅する

作用部
原動部

図8.3　工具の構成概念

図8.4　機械の構成概念

機能を含めた伝動機構（からくり）を備え、より大きな動力を作用部分に伝えて作業を行うものが機械といえます。ただし、闇雲に動力を与えるだけでは、意図する作業はできません。伝達する動力の大きさや速度などを制御する機構を備えることが、実用的な機械としての必須要件だといえます。

建設機械の発展

ジェームス・ワットによる蒸気機関の発明後、ルイ王朝下のフランスにおいて、土木技術と建設機械が著しく発展したといわれています。

屋外移動生産、単品受注生産等の特徴をもつ建築生産に対応する機械には、以下のような性能が求められます。

① 厳しい屋外環境への対応（強度・安定性・信頼性）

② 多様な作業への対応（汎用性・拡張性・万能性）

③ 現場内外での移動性・機動性

④ 簡単な訓練で使用可能な操作性・安全性

⑤ 周辺環境への対応（低騒音・低振動・排ガス規制）

たとえば油圧ショベルは、アーム先端のアタッチメントを交換することで、掘削・積込み作業のほか、鉄骨の切断、コンクリート躯体の破砕、破砕した材料のふるい分け等の複数の作業を、1台のベースマシンで対処できます。

わが国では、第二次大戦後に進駐軍がもちこんだ重機の活用から建設業における機械化が発展しました。1950年代に

解体工事実施状況

破砕（ニブラ）

破砕（ブレーカ）

ふるい分けバケット

切断（カッター）

つかみ（フォーク）

図8.5　解体工事用の各種アタッチメント

なると、施工計画・管理に関する理論の構築と経済的有利性向上を意図し、施工分野の数理科学的な研究が本格化しています。

機械・工具と安全

人間の能力を凌駕する機械や工具の使用に際しては、些細な操作の誤りが、施工ミスや重大な事故・災害の誘発に直結します。2015年に発生した建築工事における死亡災害を精査すると、機械に起因した災害が墜落災害についで多い15%を占めています。

機械・工具の取扱いには一定水準の習熟が不可欠であり、細心の注意を払わねばなりません。労働安全衛生法をはじめとする法規は、機械・工具を取り扱ううえで必要とされる資格要件を定めるとともに、始業前から終業時までを含めた点検・確認事項や安全措置などを細かく規定しています。現場では、機械を用いた作業を安全に進めるため、作業手順・作業要領を明確にした**図8.7**のような安全確認シートを作成し、安全意識の啓蒙・周知が図られています。

また、機械の設計には人間の動作範囲、筋力や知覚特性な

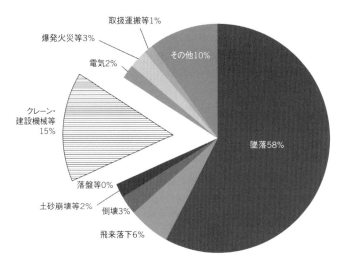

図8.6　建築工事における死亡災害の種類別発生状況(2015年)

どの特性を反映し、過度な緊張・疲労に伴う誤操作排除を目指す人間─機械系の研究成果などが反映されています。建築生産系の研究の中には、このような人間工学に関する領域も含まれています。

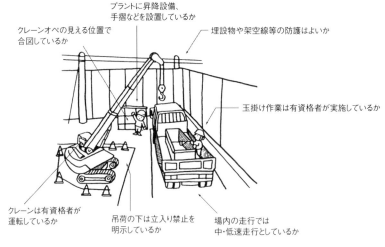

図8.7　揚重作業の安全確認シートの例

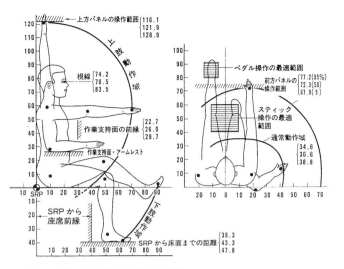

図8.8 座位における日本人成人男子の作業域

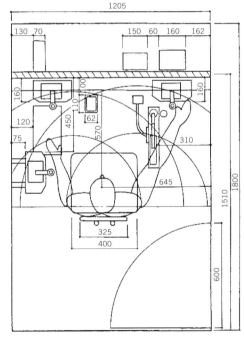

図8.9 タワークレーンオペレータの平面作業域

自動化・ロボット化の展開

機械化の発展した究極の形態として、自動化・ロボット化があります。製造業においては、1950年代からNC工作機[*1]、1970年代には自律型ロボットが稼働する自動化工場などが実現していました。建築生産では、1980年代になって耐火被覆吹付けやコンクリート床のコテ押えなどの危険作業や苦渋作業を対象としたロボットが試作され、現場に投入されました。その後、大手ゼネコン各社は、独自に技術開発に

*1——コンピュータにより数値制御された工作機械（Numerical Control）の略

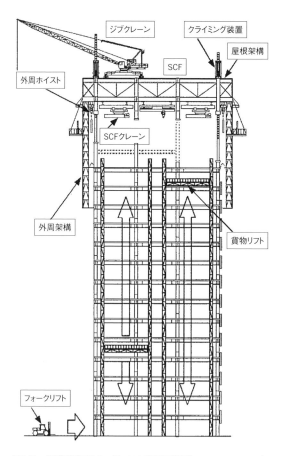

図8.10　全自動建築工法の一例　ABCS概要図（断面）　Abstract of ABCS（Section）

取り組み、全自動建築システムの実証を行っています。

これまでに実現した建築生産の自動化・ロボット化は、個別・単発の試行プロジェクトから踏み出したとはいいがたく、普遍的な実用化技術へと昇華させねばなりません。そのためには、多様なプロジェクトへの適用を見据えて、今後とも研究・開発を進めていく余地が多く残されています。

また、設計段階まで遡って建築生産の上流から下流までを貫く思想と体制を抜本的に見直すツールとして、BIM (Building Information Modeling) に寄せられる期待も高まっています。今後は、これを核とした自動化・ロボット化の展開が、現実的な目標になるのだと思われます。

一方で、いかに自動化・ロボット化が進展しても、生産の主体である人間との協調は不可欠であると思われます。建築生産を魅力のある産業として持続的に発展させるべきことを鑑みますと、自動化・ロボット化の推進には、以下の原則を踏まえて取り組むべきだといえます。

①働く者の作業環境を豊かに改善すること
②働く者の共感、賛同が得られること
③働く者の技能を補完し、達成感を付与すること
④働く者の理解能力を超えた複雑なものでないこと
⑤働く者の主体性、士気を高めるものであること

建築生産と技術と技能

材料、労働者、機械・工具は生産の三要素と呼ばれます。ただし、単に材料を用意し、人を集め、機械・工具を揃えただけで、よいものづくりはできません。

この章では、ものづくりに必要な技術と技能について述べています。

技術と技能

この二つの概念には、とらえ方によっては重複する部分もあるのでしょうが、それぞれが本来意味するものは、**図9.1**のようにとらえられます。

技術とは、「ものごとを巧みに行う方法・手段」であり、文書等によって客観的に論述し、他人への伝達・共有が容易なものです。

これに対して技能は、「感性を踏まえたものづくりの腕前・能力」を意味し、頭で理解するだけでは実践することが困難なものです。たとえば、「技能は、人間の中にしか蓄えられない技術、人間でなければ固定できない技術であって、書物などに蓄えられる技術とはそこが違う」とも記されています。

技術	技能
・理論、ルール等の確立したもの	・勘、コツ等の曖昧な概念
・組織、システムに属する	・個人に属する
・汎用性をもち、標準化可能	・特化した個別の能力
・移転、共有が可能	・他者に伝承することが困難
・教育、学習を通じて習得	・経験、修練を通じて会得

図9.1　技術と技能の特徴

表9.1　形式知と暗黙知の特徴

形式知	暗黙知
・言語や文字、図表を通じて明示された公理・定理 ・客観的に明示された方法、手順、事物に関する情報 ・文書等の媒介を通じて共有、伝達が可能な知識	・言語化しがたい（なしえない）情報、知恵 ・経験、感覚から得られる洞察力、理解力 ・修練で培われる迅速・正確・安全な所作・動作

*1——ナレッジ・マネジメント……個人のもつ暗黙知を形式知に変換することで、組織全体での知識の共有化や生産性の向上につなげる活動

ナレッジ・マネジメント*1 (Knowledge Management)と呼ばれる管理活動が注目されています。そこで提唱された形式知、暗黙知という**表9.1**に示す概念が、まさに技術と技能の違いを表しているといえます。

たとえば、熟練した技能をもった木工職人は、材料の天地を返して置く、肩に担ぐなど、見た目には単純な木材の運搬作業・動作の過程においても、木材の含水率や木目の方向、木の元末などを評価・判断するといわれています。このような判断を踏まえ、以降の作業において、材料の取扱いや加工に最適となる方法を採用することができるのです。このような能力は、作業研究などの科学的な作業分析においても解明できない部分であると指摘されており、このようなところに技能の特徴があると述べられています。

技能を構成する要素

技能とは単に作業を行う際の動作上の習熟のみを意味するものではありません。もちろん、肉体能力の向上や習熟も必要条件の一つではありますが、それ以上に自ら体得してきた感覚・運動・心理・知識が重要な要素だと考えられています。これらが巧みに結合したものが技能であり、一般的には勘・経験・骨(コツ)と呼ばれるものです。

技能を構成する要素は、次のようなものだと考えられています。

① 作業環境、作業条件を踏まえた作業手順の立案・策定

② 使用する材料の識別、材質の見極め

③ 材料や作業環境に応じた工具の調整・操作

④ 作業負荷に応じた動作の修正・調整

⑤ 作業に際しての協調・啓発・改善の実践

特に指導的立場に立つ親方、棟梁、職長と呼ばれる者は、単に器用で優れた出来形を生み出す能力に長けているだけではありません。仕事の先を読んで計画・準備・段取りを行い、働く集団の生産性並びに労働環境の向上に導くための能力が最も重要視されているのです。

技能と生産性

技能の巧拙によって品質にバラツキが生じてしまうものづくりの方法では、持続的な生産性向上を図ることはできません。逆説的には、特殊な技能を有さない者でもつねに一定水準の品質を保てるような生産方法を確立すれば、生産量の拡大を図ることが容易になります。

20世紀の初頭、フォード社が編み出した流れ生産方式は、一連の組立て作業を細分化・分業化し、それぞれの作業を単純化することによって、品質の安定と生産効率の向上を実現しました。しかしながら、このような過度に細分化・分業化した結果、QWL*2を低下させるという負の側面が生じました。すなわち、創意工夫の余地がない単純労働からは、達成感、満足感、充実感を得ることができず、労働への士気(morale)や意欲(motivation)が極端に低下してしまうことが明らかになったのです。

これからの建築生産を考える際には、労働における人間性の尊重を念頭におき、働く者の技能や個性を発揮できる「分業と協業によるものづくりの方法」を構築することが肝要といえます。

技術の発展

日本における体系だった建築生産分野における技術開発は、1945年に日本土木建築統制組合が㈶建設技術研究所を設立したことを端緒としています。戦後、この研究所が大手ゼネコンに引き取られ、のちの建築技術の発展に大い

*2──QWL……Quality of Working Life。労働生活の質、レベルを指す略語

図9.2　構造フレームの加力実験状況

に貢献したのです。

戦後の旺盛な復興需要に対応するためには、海外から導入した建設機械や特殊工法に依存するばかりでなく、国情や風土に則した技術の開発が不可欠でした。ゼネコン各社は競って研究・開発部門の設立・拡充に努め、軟弱地盤に対応した基礎工法、コンクリートの強度・品質の向上、プレハブ化・工場製品化を追求した材料・構法の見直しなどを通じ、臨海部開発や原子力発電所、超高層建築などの新しい市場の創造に多大な貢献を果たしました。施工技術をめぐる主な動向を**表9.2**に示します。

現在においても、多くのゼネコンが構えている技術研究所では、土質基礎、材料、生産・工法、構造、環境・設備、防災、IT・メカトロニクス等の分野における研究開発に取り組んでおり、わが国の建設業は世界的に見ても最高水準の技術力を保有しています。

生産管理の技術・技法

建築生産では、材料・工法のようなものづくり自体に関するハードの技術だけでなく、ものづくりのプロセスを管理するためのソフトに関わる技術も必要とされます。

たとえば、1980年代に広く普及したTQC（全社的品質管理：Total Quality Control）の基盤をなすのは、統計的な考え方に立脚した「QC七つ道具」と称する技法です。この中では、特にヒストグラムやパレート図、$\bar{X}$-R管理図等が品質の安定化や早期の問題解決を図ることに有用であるため、現場における品質管理のツールとして、広く活用されています。

工程管理には、PERT（Program Evaluation and Review Technique）およびCPM（Critical Path Method）の手法が活用されています。また、これらの手法をさらに展開し、工期の短縮や作業員等の平準化を図る資源配分計画が、数理科学的手法に立脚して行われています。

安全管理面においては、事故・災害の原因究明にFTA（Fault

表9.2　施工技術をめぐる動向

年代	社会情勢	主な法令	主な竣工建物	施工関連の動向
1945	太平洋戦争終戦			進駐軍による大型建設機械の導入(羽田空港拡張等) 進駐軍からの暖房設備の発注
1946				
1947		労働基準法 労働者災害補償保険法		進駐軍からの建設機械払下げ 国産ブルドーザの製造開始
1948	建設省設立	消防法		
1949		工業標準化法(JIS規格制定) 建設業法	銀座ヤマハ楽器店	ゼネコンが技術研究所設立 国産白熱蛍光灯ランプの製造、全蛍光灯照明出現
1950	朝鮮戦争	建築士法 建築基準法		レディーミクストコンクリート工場開業 ジョイント・ベンチャー(JV:共同企業体)方式の導入 ダクト方式によるセントラル冷房方式の普及
1951				油性コーキング材の利用開始 丸セパ、フォームタイの開発・販売 アルミサッシの利用開始
1952	サンフランシスコ講和	計量法(メートル法制定)	日本相互銀行本店	枠組足場(ビティ足場)の導入 リバースサーキュレーション杭の導入 全溶接構造建物の竣工 PCカーテンウォールの採用 水冷式パッケージ空調機の国産化
1953				日本建築学会建築工事標準仕様書(JASS)発行 レディーミクストコンクリートJIS制定 鉄筋ガス圧接の採用 HTB(高力ボルト)の採用
1954			鉄道会館(旧大丸東京店)	ベント杭の利用開始 型枠支保工用パイプサポートの普及 メタルカーテンウォールの採用
1955	住宅公団設立	原子力基本法		PC杭JIS制定
1956	大型ビル建設ラッシュ			
1957		水道法	公団蓮根団地	
1958		下水道法	東京タワー	建築工事へのコンクリートポンプ導入 軽鉄下地材(LGS)の利用開始 空冷式パッケージ空調機の国産化
1959	三種の神器(白黒テレビ、電気洗濯機、電気冷蔵庫)普及	メートル法の完全実施	国立西洋美術館	多翼ファン型ファンコイルユニットの採用
1960	所得倍増計画 カラーテレビ放送開始			国産タワークレーンの製造開始 アースドリル杭の導入
1961		消防法施行令【消防用設備等の設置・技術基準】	東京文化会館	レディーミクストコンクリートの利用拡大 大型ビルの予備電源設置(蓄電池・非常用発電機)の利用拡大 大型ビルの中央監視盤設備の利用拡大
1962	スーパーマーケット出現	道路交通法		ALC(気泡軽量コンクリート)の利用拡大
1963	日米テレビ衛星中継実験	建基法改正【高さ制限→容積率制限】	東海村動力試験炉	国産2成分ポリサルファイド系シーリング材の製造開始
1964	新潟地震 東海道新幹線開業 東京オリンピック開催		国立代々木競技場 日本武道館 ホテルニューオータニ	建築工事へのアースアンカー工法導入 建設業労働災害防止協会設立 揚重規模の増大(超高層ビル)への揚重機器の進化・対応 超高層ビル(柔構造)への設備システム、搬送設備の対応【層間変位追従】 ユニットバスの採用の本格化
1965	名神高速道路全通 銀行のオンライン化開始		東海村商業炉	
1966	3C(カー、クーラー、カラーテレビ)時代到来			
1967		公害対策基本法		コンクリート用型枠合板JAS制定
1968	十勝沖地震	大気汚染防止法 騒音規制法	霞が関ビル	アルミCW陽極酸化被膜の採用 電気設備システムのユニット化・工業化(天井設備、電線コネクタ、ユニット配管等)
1969	GNP世界2位	東京都公害防止条例		
1970	大阪万国博覧会開催	廃棄物処理法 水質汚濁防止法 建基法改正【排煙、非常用照明、非常用昇降機設置義務化】 消防法改正【11階建て以上のスプリンクラ・誘導灯・非常コンセント設置義務化】	太陽の塔	万博における携帯電話実用化実験、地域冷暖房実施、エアドーム建設等

年		法規	建物	技術
1971	環境庁発足	特定化学物質等障害予防規則	福島第一原発一号機	
1972	日本列島改造論 沖縄返還	労働安全衛生法	椎名町アパート	作業主任者制度の導入 17階建RC高層建築竣工（圧縮強度300kgf/㎠）
1973	第一次オイルショック			
1974	新宿副都心の整備		迎賓館（赤坂離宮改修）	建築基礎構造設計規準改訂
1975	山陽新幹線博多開業			アスベスト含有建材の使用制限、PCBの製造・使用禁止
1976		振動規制法		ゼネコンによる海外建築市場の開拓
1977	外貨持ち出しの自由化 （500ドル制限撤廃）			コンピュータ制御による中央監視制御が始まる ガス給湯器の普及
1978	宮城県沖地震 成田空港開業		サンシャイン60 成田空港	
1979	第二次オイルショック	省エネルギー法		ゼネコンによるデミング賞受賞（TQC）
1980				タイルSBR樹脂入りモルタル直貼り
1981		建基法改正【新耐震基準】		制振ダンパーの利用開始
1982	東北・上越新幹線開業			建設作業用ロボット開発への取組み
1983			八千代台団地	免震建物の竣工
1984			国技館	1級建築施工管理技士資格制定（建設業法）
1985	プラザ合意			JASS5N制定
1986			ARKヒルズ	繊維補強コンクリート、フッ素樹脂塗料の採用 コンクリート中の塩化物総量規制 インテリジェント（高度情報化）ビルの普及【フリーアクセスフロアなど】
1987	国鉄民営化		パークシティ新川崎	30階建RC高層建築（圧縮強度420kgf/㎠）
1988	青函トンネル開通 本四連絡橋開通 ファックスの普及		東京ドーム	海外建材の活用・普及 フッ素焼付アルミCWの利用開始
1989	ふるさと創生事業 消費税導入		幕張メッセ	アルカリ骨材反応抑制対策をJISへ盛込み
1990			東京都庁舎（新宿）	3D-CAD、現場OA化への取組み本格化
1991	湾岸戦争			
1992	バブル崩壊 インターネット・電子メールの普及		出雲もくもくドーム	木造ドーム 全自動建設工法開発への取組み
1993	ゼネコン汚職	環境基本法	ランドマークタワー	ガラスDPG（ドットポイントグレージング）工法の採用
1994	携帯電話の利用拡大			ISO9001への取組み
1995	阪神淡路大震災	耐震改修促進法		ゼロエミッション・3Rへの取組み
1996	WTO政府調達協定			ISO14001への取組み
1997	長野新幹線開業			
1998	長野オリンピック		エムウェーブ	民間機関による確認検査制度導入
1999				
2000		建設リサイクル法		太陽電池システムの建築への利用拡大
2001		コンクリート充填鋼管造（CFT）告示		主体構造用鉄骨の海外ファブリケータでの加工・製作
2002		フロン回収破壊法	丸の内ビルディング	アルミCWの海外調達本格化
2003	十勝沖地震	土壌汚染対策法	六本木ヒルズ	大規模空間を持つ建築物の天井崩落対策について国交省通知 クラック追従型微弾性塗料の開発・採用開始
2004				アスベスト含有建材の使用禁止
2005	構造計算書偽装問題	石綿障害予防規則		大手ゼネコン「談合決別宣言」
2006		建基法改正【確認検査の厳格化】		高耐候性ポリエステル粉体塗装アルミCW利用開始
2007				初の100m超高層建物解体
2008	リーマンショック			ダルマ落とし型解体工法の開発
2009			シャープ堺工場	全LED照明建物出現
2010		土壌汚染対策法改正	羽田空港（Big Bird）	
2011	東日本大震災			
2012	社会保険加入に関する指導		東京スカイツリー	
2013	東京オリンピック開催決定	耐震改修促進法改正	あべのハルカス	
2014				天井脱落対策（耐震天井）の義務化、昇降機の耐震基準強化

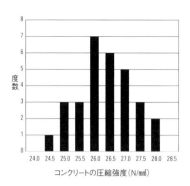

図9.3　ヒストグラムの例

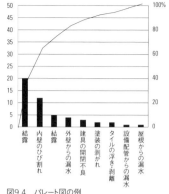

図9.4　パレート図の例

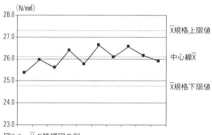

図9.5　X̄-R管理図の例

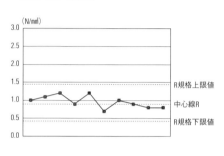

図9.6　PERTによる工程計画例

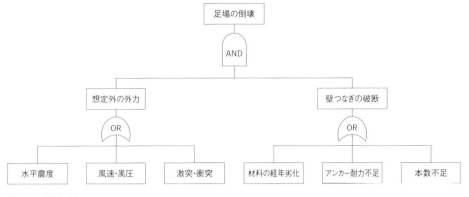

図9.7 FTA解析の例

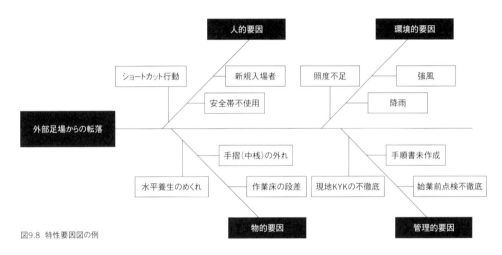

図9.8 特性要因図の例

図9.9 タブレットを用いた現場管理

Tree Analysis）や特性要因図等の手法が幅広く活用され、科学的なアプローチに基づく再発防止策の立案に大きく寄与しています。かつての建築生産は、「どんぶり勘定」とか「KKD（勘と経験と度胸）」などと揶揄され、現場監督の場当たり的な対応によって仕切られていたと思われていましたが、現在ではすっかり様変わりしました。現場監督と呼ばれた技術者は、従来は青焼きされた図面と野帳を携えて現場での追回しを行っていましたが、今日ではタブレット端末を用いてサーバとのデータ通信を行い、各種の管理・検査等の業務に少人数で対応するエンジニアとして活躍しています。

建築生産と環境

新たな社会資本を構築する建築生産は、地域の居住環境から地球環境に至る広範囲に、多大な影響を及ぼします。本章では、建築生産をめぐる環境問題として、工事に伴う公害[*1]、建設副産物の処理、地球環境保全への取組み、建材から放出される化学物質の問題等について取り上げています。

*1──環境基本法で「事業活動その他の人の活動に伴って生ずる相当範囲にわたる①大気の汚染②水質の汚濁③土壌の汚染④騒音⑤振動⑥地盤の沈下⑦悪臭によって、人の健康又は生活環境に係る被害が生じること」と定義されています

建築生産をめぐる環境関連の法規制

建築生産に関連する主なものしては、**表10.1**に示すものが制定・施行されています。

表10.1　建築生産に関連する主な環境関連法規の概要

対象	法律等	概要	制定年
環境保全全般	環境基本法	環境保全の理念、基本施策を規定	1993
大気汚染	大気汚染防止法	粉塵の発生施設、排出作業等を規制	1968
騒音・振動	騒音規制法	騒音基準値と騒音作業の届出、作業実施時間等を規定	1968
	振動規制法	振動基準値と振動作業の届出、作業実施時間等を規定	1976
水質汚濁	水質汚濁防止法	pH、BOD、COD、SS等の排水基準値を規定	1970
悪臭	悪臭防止法	特定悪臭物質、臭気指数他の規制基準を規定	1971
土壌汚染	土壌汚染対策法	汚染土の調査・報告、対策及び適正処理等を規定	2002
建設副産物	廃棄物の処理及び清掃に関する法律	産業廃棄物の処理責任等を規定	1970
	資源の有効な利用の促進に関する法律	指定副産物の再生利用の促進に関する基本方針を規定	1991
	建設工事に係る資材の再資源化等に関する法律	特定建設資材の再資源化、有害物質の分別解体等について規定	2000
その他有害物質	労働安全衛生法（石綿障害予防規則）	解体作業時の措置等について規定	2005
	ポリ塩化ビフェニル廃棄物の適正な処理の促進に関する特別措置法	PCB廃棄物の保管及び適正処理等を規定	2001
	フロン類の使用の合理化及び管理の適正化に関する法律	フロン類の回収及び適正処理等を規定	2001
	建築基準法	居室内における特定化学物質の使用を制限（シックハウス対策）	2003

今日では違法行為はもちろんのこと、法の不備を突く脱法行為のような不誠実な対応に対しても、社会全体から厳しい批判の目が向けられています。影響の大きさや重大性について十分に理解し、コンプライアンス*2の徹底が必要不可欠であることを強く認識してください。

工事公害（騒音・振動）

建築生産活動に伴う公害として広く認識されているのは、騒音と振動です。公害等調整委員会の調査結果によれば、騒

*2──コンプライアンス……法をはじめとする決まり事や社会規範を遵守することを意味し、現代社会における法人・個人の行動の原則をなすものとされています

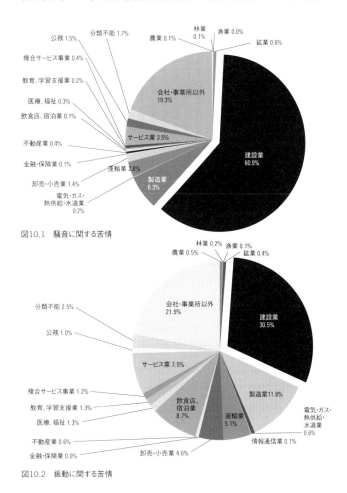

図10.1　騒音に関する苦情

図10.2　振動に関する苦情

図10.3　低騒音重機の表示ラベル

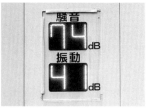

図10.4　仮囲いに取り付けられた騒音・振動計
測値の表示

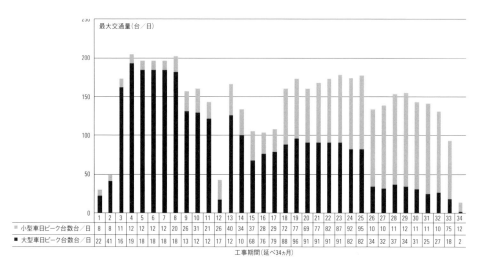

	1	2	3	4	5	6	7	8	9	10	11	12	13	14	15	16	17	18	19	20	21	22	23	24	25	26	27	28	29	30	31	32	33	34
▪ 小型車日ピーク台数台／日	8	8	11	12	12	12	12	20	26	31	26	40	34	34	26	28	29	72	77	69	77	82	87	92	95	10	10	11	12	11	11	10	75	12
▪ 大型車日ピーク台数台／日	22	41	16	19	18	18	18	18	13	12	12	17	12	10	68	76	79	88	96	91	91	91	91	82	82	34	32	37	34	31	25	27	18	2

工事期間(延べ34ヵ月)

図10.5　環境アセスメントによる工事期間中の交通量試算例

音に関わる苦情の約30%、振動に関わる苦情の約60%は
建設作業が原因(発生源)とされています。

大きな出力を発する重機を用いる作業においては、低騒音・
低振動建設機械の採用、防音壁や振動緩衝帯の設置、近
隣住民への事前周知のような対策を講じますが、これらを完
全に抑制することは困難な課題となっています。

また、現場に出入りする工事用車両は騒音・振動を引き起こ
すばかりでなく、走行時には粉塵を撒き散らし、周辺道路の
渋滞や交通事故等を引き起こす原因ともなります。

特に大規模な工事については、環境アセスメントとして、周
辺道路の交通量についての事前予測を行い、工事期間中
の搬出入車両台数の管理が必要とされたりしています。

工事公害（水質汚濁）

図10.6　pH処理装置

掘削工事に伴って発生する土粒子を含んだ湧水や、セメント分を含んだ工具の洗浄水などを不用意に公共下水や河川に放流することは、広範な水質汚濁の原因となります。現場には、土粒子を除去する沈砂槽やアルカリ成分を中和する装置を設置する必要があります。

工事公害（土壌汚染）

表10.2　土壌汚染に関わる特定有害物質一覧

第1種特定有害物質
クロロエチレン（塩化ビニルモノマー）
四塩化炭素
1,2-ジクロロエタン
1,1-ジクロロエチレン
シス-1,2-ジクロロエチレン
1,3-ジクロロプロペン
ジクロロメタン
テトラクロロエチレン
1,1,1-トリクロロエタン
1,1,2-トリクロロエタン
トリクロロエチレン
ベンゼン

第2種特定有害物質
カドミウム及びその化合物
六価クロム化合物
シアン化合物
水銀及びその化合物
セレン及びその化合物
鉛及びその化合物
砒素及びその化合物
ふっ素及びその化合物
ほう素及びその化合物

第3種特定有害物質
シマジン
チオベンカルブ
チウラム
ポリ塩化ビフェニル(PCB)
有機りん化合物

＊3──副産物……主産物の製造過程において、派生的に産出されるもの

工事が直接的な原因ではありませんが、**表10.2**に掲げられた有害物質が土壌中に浸み込んだり、天然の岩石や堆積物からの有害物資が蓄積することによって土壌が汚染されていることがあります。

工事に伴ってこのような有害物質が溶出した地下水や有害物質を含む土壌を口や肌から摂取することになると健康被害が発生します。したがって、土壌から人体に摂取される経路を遮断・管理することが、土壌汚染への対策とされています。

土壌汚染への対策は、盛土やコンクリート等によって物理的に遮断（封じ込め）する方法や、汚染された土壌を浄化や除去する方法によって行われます。

建設副産物

建築生産の過程において、切断・加工によって生じる材料の端材や搬入されてきた材料の梱包材など、多くの副産物＊3が発生します。従来はこれらの副産物を「不要物」として一括して廃棄しており、資源の浪費が当たり前のように考えられていました。

資源の有効な利用の促進に関する法律（リサイクル法）が制定されたことにより、これら建設副産物を「再生可能な資源」と「廃棄物」の二つに大別してとらえることとなりました。

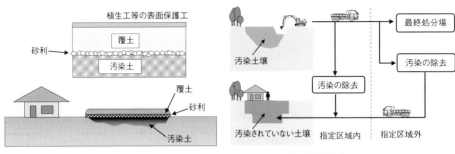

図10.7　汚染土壌の覆土措置概念

図10.8　汚染土壌の除去措置概念

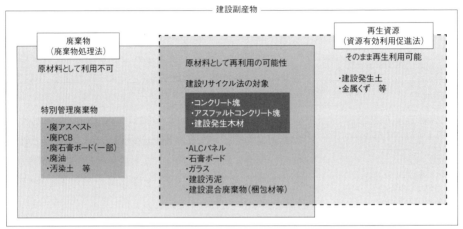

図10.9　建設副産物の概念

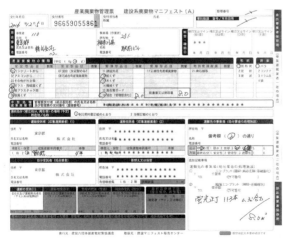

図10.10　マニフェスト伝票の例

このような建設副産物については、現場からの収集・運搬から最終処分までを適正・確実に行ったことを確認・記録できるようにするため、マニフェストと呼ばれる複写式の伝票を用いて管理することが定められています。

特別管理廃棄物

「特に人の健康又は生活環境に係る被害を生ずるおそれがある性状を有するもの」を特別管理廃棄物と定義して別途処理基準を設け、通常の廃棄物よりも厳しい規制を課しています。

建物や設備の解体作業を行う場合、以下のようなものが使用あるいは残置されている場合があります。

① 石綿（アスベスト）[*4] 含有建材

② PCB（ポリ塩化ビフェニル）[*5] 使用機器

③ 重金属含有物

④ 廃油

解体作業に先立っては、図面、他の資料を精査するだけで

*4——石綿（アスベスト）……繊維径0.01～0.1μmの天然鉱物繊維。浮遊した繊維を吸い込むと呼吸器系の重篤な疾病の原因となる

*5——PCB（ポリ塩化ビフェニル）……人工的につくられた油状の化学物質。体内に蓄積すると、神経系、免疫系への障害や発がん性が懸念される

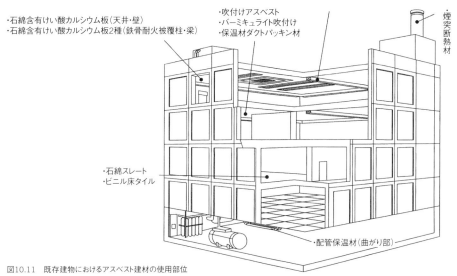

・石綿含有けい酸カルシウム板（天井・壁）
・石綿含有けい酸カルシウム板2種（鉄骨耐火被覆柱・梁）

・吹付けアスベスト
・バーミキュライト吹付け
・保温材ダクトパッキン材

・石綿含有けい酸カルシウム板2種（鉄骨耐火被覆柱・梁）

・煙突断熱材

・石綿スレート
・ビニル床タイル

・配管保温材（曲がり部）

図10.11　既存建物におけるアスベスト建材の使用部位

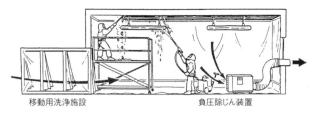

移動用洗浄施設　　　　　　　負圧除じん装置

図10.12　作業区画を設けたアスベスト除去作業

なく、慎重に現地調査を行って特別管理廃棄物の有無を把握し、適正な除去・処分を行わなくてはなりません。

地球環境保全への取組み

図10.13　3R活動のため現場に設けた副産物分別ヤード

建築生産による環境負荷を低減するため、個々の現場レベルでは、「3R」と呼ばれる活動が展開されています。3Rとは、Reduce（発生抑制）、Reuse（再使用）、Recycle（再生利用）の頭文字をとったもので、以下の理念にそって、建設副産物における再生資源の比率を高め、現場から排出される廃棄物を極限まで減らすことを目指す活動です。

① Reduce…現場に不要なものを持ち込まない
　　➡ プレハブ・プレカットの推進、梱包材の省略等
② Reuse…繰り返し使用する
　　➡ リターナブル容器の活用、掘削土の場内利用等
③ Recycle…製品原料として再利用
　　➡ 石膏ボード、金属くず、コンクリートなどの再資源化

その他、**表10.3**に掲げるような活動が展開されており、創意工夫をこらした多様な施策を盛り込んで地球環境の保全に取り組んでいます。

室内空気の汚染防止

建築生産に携わる者は、そのプロセスにおける環境の保全に留意するのみならず、そのプロダクトである建築物についての環境性能にも責任を負わねばなりません。代表的な事

表10.3　現場施工におけるCO₂削減活動の例

分類	メニュー	具体例
機械・設備の省エネ化	現場事務所の省エネ化	仮設工事事務所の空調・照明の電力消費量を削減するため、屋根裏の高断熱化や高効率照明器具の採用など
	仮設照明の省エネ化	・工事用の仮設照明器具を水銀灯・白熱灯から高効率なメタルハライド灯などに置き換える ・工事用照明の電力消費の更なる抑制を図るため、電力消費が極めて少なく長寿命である特徴を生かし、長時間の連続点灯が必要な場所にLED灯を採用する
	揚重の効率化	・クレーンで吊上げる部材のユニット化や大型化、揚重専業チームによる工事用エレベーターの運用により、効率的な揚重を行って揚重機のエネルギー消費を削減する ・回生電力を有効利用して発電する機能を備えた機種を選定・利用し、工事用エレベーターの消費電力を削減する
	省エネ型建設機械の利用	・電動式、ハイブリッド式、回生電力発電式等の高効率駆動方式を搭載した機種を採用して建設機械のエネルギー消費を削減する ・コンクリート打設作業時にエンジンを停止可能な電動モーター搭載型のコンクリートポンプ車を利用し、消費燃料の削減を図る
	省燃費運転	・各種トラックや油圧ショベル等の燃料消費を削減するため、運転手に省燃費運転講習を受講させて効率的な運転・操作方法を教育する ・ダンプトラック・大型トラック等の運搬車両への省燃費運転支援システムの搭載を運送会社に働きかけ、燃料使用量を削減する
	運搬量の削減	・運搬車両の燃料消費を削減するため、積載率の向上、車両の大型化、車両の往復利用により、運搬車両の台数を削減する ・近距離の残土処分場の選定、発生土の場内利用・工事間利用により、運搬距離を短縮して発生土処分時の運搬車両の燃料消費を削減する ・廃棄物の搬出車両の燃料消費を削減するため、現場から排出する廃棄物の量・容積そのものを削減する。 ・汚泥の運搬車両の燃料消費を削減するため、現場内で処理し、埋め戻し材として自ら利用を行う
グリーン調達	再生材の使用	・混合セメント・再生骨材・高炉スラグ砕石等を用いた配合のコンクリートを積極的に採用する ・構造体鉄骨には、極力電炉材を採用すべく構造設計者に働きかける ・再生プラスチック型枠等のグリーン建材を積極的に活用する
施工の合理化	残業・総作業人工の削減	・照明の使用時間やその他の共通仮設を削減するため、作業の平準化による山崩しや無理・無駄のない効率的なサイクル工程により、残業並びに総作業人工を削減する
再生可能エネルギーの活用	BDF使用の廃棄物回収車の利用	工事事務所から排出する一般廃棄物・産業廃棄物回収時の運搬車両による燃料消費を削減するため、BDF（バイオディーゼル燃料）を使用した車両を利用する
	太陽光発電システムの導入	太陽光エネルギー等で発電した電力を使用する。（発電状況をインターネット上で把握できるASPモニタリングシステムの活用）
	グリーン電力証書の購入	自然エネルギー（風力、太陽、バイオマス、小規模水力など）によって発電された電力を間接的に利用すべく、「グリーン電力証書」を購入する。

例として、「シックハウス症候群」への対応をあげることができます。

従来からの木造住宅などでは、襖や障子のような気密性の低い建具が使われており、このような建具は気密性が低くエネルギーロスも大きいものでした。省エネルギー性能並びに住環境の改善を図るため、建具の気密性について飛躍的な向上が図られてきました。

一方、内装仕上げ用に多様な新材料が開発され、利用されています。新材料の多くには**表10.4**に掲げる化学物資を含んだ接着剤や溶剤、駆除剤などが使用されているため、時間の経過とともにこれらが次第に揮発・蒸発して室内空気

表10.4　シックハウス症候群の原因となる主な化学物質

化学物質名	主な用途
ホルムアルデヒド	壁紙用接着剤・合板・防腐剤
アセトアルデヒド	接着剤・防腐剤
トルエン	防腐剤・施工用接着剤
キシレン	塗料用溶剤・接着剤
エチルベンゼン	施工用接着剤・塗料用溶剤
スチレン	断熱材・畳の芯材
パラジクロロベンゼン	防腐剤(衣服等)・芳香剤
テトラデカン	塗料等の溶剤・灯油
クロルピリホス	シロアリ駆除剤
フェノルカルブ	シロアリ駆除剤
フタル酸ジ-n-ブチル	接着剤・印刷インク
フタル酸ジ-2-エチルヘキシル	壁紙などの可塑剤
ダイアジノン	農薬・殺虫剤

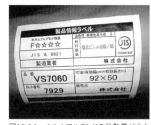

図10.14　ホルムアルデヒドの放散量が少ない建材(F☆☆☆☆)の表示例

図10.15　空気質測定のサンプリング状況

中に浮遊・充満します。

これらの物質によって惹き起こされる頭痛やめまい、吐き気や目・鼻への刺激感など、様々な健康被害が「シックハウス症候群」と総称されるものです。

シックハウス症候群の発生を抑制するためには、化学物質の発散が少ない材料の利用や、ベイクアウト(枯らし)期間を十分確保するなど、建物の引渡しまでに化学物質の残留濃度を低下させるように管理を行っています。

建物を具現化するために

ものづくりに勤しむ作業員たちは、設計図を見て作業しているわけではありません。なぜ設計図を見ないで建物をつくれるのでしょうか?

本章では、現場で利用される施工図について記します。

建築設計・構造設計・設備設計

建築の設計は、基本計画・基本設計・実施設計というプロセスを経て進められ、実施設計の最終成果物としては、**表11.1**に示すものが例示されています。

建築の設計は、建築基準法をはじめとする各種法規・法令や技術基準に合致させなければなりません[*1]。一定規模以上の建物の設計者は、これらに精通した建築士の資格をもつ者でないと手がけることができません。

実際の設計業務は、建築(意匠)設計、構造設計、設備設計の各担当者が分業して進めます。その際には、建築設計者がコーディネータとして設計業務全体を統括します。

設計図書

設計者が作成する以下の図面や資料を総称して設計図書[*2]と呼びます。

① 設計図
② 特記仕様書
③ 標準仕様書
④ 現場説明書

*1——発注者が専門的な知識をもっていることが多い土木には、建築基準法に相当する法律がなく、各々の発注者が独自の技術基準や設計仕様を定めています

*2——建築生産のプロセスの中で、設計者が発注者のニーズを品質情報として整理加工し、設計情報としてまとめ、発注者のニーズを具現化する目的で発注図として制作されるもの

表11.1 実施設計における成果物の例

(1)総合	(3)設備	(iii)空調換気設備
①建築物概要書	(i)電気設備	①仕様書
②仕様書	①仕様書	②敷地案内図
③仕上表	②敷地案内図	③配置図
④面積表及び求積図	③配置図	④空調設備系統図
⑤敷地案内図	④受変電設備図	⑤空調設備平面図(各階)
⑥配置図	⑤非常電源設備図	⑥換気設備系統図
⑦平面図(各階)	⑥幹線系統図	⑦換気設備平面図(各階)
⑧断面図	⑦電灯、コンセント設備平面図(各階)	⑧その他設置設備設計図
⑨立面図(各面)	⑧動力設備平面図(各階)	⑨部分詳細図
⑩矩計図	⑨通信・情報設備系統図	⑩屋外設備図
⑪展開図	⑩通信・情報設備平面図(各階)	⑪工事費概算書
⑫天井伏図(各階)	⑪火災報知等設備系統図	⑫各種計算書
⑬平面詳細図	⑫火災報知等設備平面図(各階)	⑬その他確認申請に必要な図書
⑭部分詳細図	⑬屋外設備図	(iv)昇降機等
⑮建具表	⑭工事費概算書	①仕様書
⑯工事費概算書	⑮各種計算書	②敷地案内図
⑰各種計算書	⑯その他確認申請に必要な図書	③配置図
⑱その他確認申請に必要な図書	(ii)給排水衛生設備	④昇降機等平面図
(2)構造	①仕様書	⑤昇降機等断面図
①仕様書	②敷地案内図	⑥部分詳細図
②構造基準図	③配置図	⑦工事費概算書
③伏図(各階)	④給排水衛生設備配管系統図	⑧各種計算書
④軸組図	⑤給排水衛生設備配管平面図(各階)	⑨その他確認申請に必要な図書
⑤部材断面表	⑥消火設備系統図	(4)その他の成果物
⑥部分詳細図	⑦消火設備平面図(各階)	
⑦構造計算書	⑧排水処理設備図	
⑧工事費概算書	⑨その他設置設備設計図	
⑨その他確認申請に必要な図書	⑩部分詳細図	
	⑪屋外設備図	
	⑫工事費概算書	
	⑬各種計算書	
	⑭その他確認申諸に必要な図書	

⑤ 質疑応答書

設計図は、つくりあげる建物の形状や寸法を図形・シンボル等によって視覚的に表現したものです。これに対して仕様書[*3]は、つくるべき建物の具備すべき機能・性能を規定し、あわせて施工法や検査方法、品質管理の基準等について主

*3──仕様書には、一般的な工事に広く適用する共通事項を網羅して作成されている標準仕様書と、その工事に特有の事項を記述して作成する特記仕様書の2種類があります

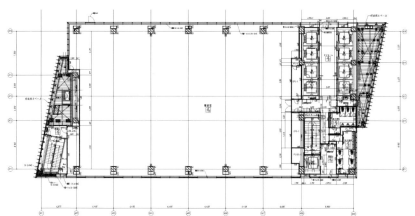

図11.1　建築設計図の例

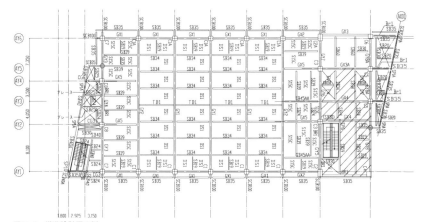

図11.2　構造設計図の例

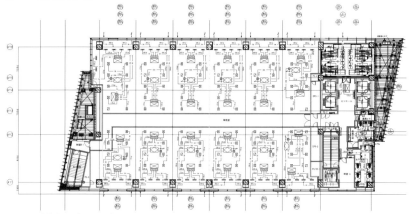

図11.3　設備設計図（空調設備）の例

5 鉄筋工事	1. 使用材料及び継手方式		種類	径	使用箇所	継手方法
		異形鉄筋 (JIS G 3112)	◎SD295A	D10～D16	フープ・スタラップ・壁・床・基礎	重ね
			◎SD345	D19～D25	基礎柱型・基礎梁	圧接・溶接
			◎SD390	D29～D38	基礎梁	圧接・溶接
		開先付異形棒鋼	・WSD390	WD32,WD38	杭頭補強筋	仕様書による
		高強度せん断補強筋 (大臣認定品)	・KSS785	S13		仕様書による
		溶接金網 (JIS G 3551)	普通鉄線	6φ	デッキスラブ	重ね

	2. 特殊	種別	使用箇所	備考
		梁貫通孔補強筋	基礎梁	BCJ評定品

	3. 試験・検査	試験項目	適用	報告書	備考
		1. 材料試験 （ミルシート）	○	○	
		2. 鉄筋の引張強度試験 （JIS Z 2241）			
		3. 圧接工の技量試験 （現場）			
		4. 圧接部の検査 （形状，位置）	○		
		5. 圧接部の引張強度試験 （JIS Z 3120）			
		6. 圧接部の超音波探傷試験 （JIS Z 3062）	○		
		7. 配筋検査	○		

※ガス圧接の検査は，同一作業班が同一日施工した圧接箇所（200箇所以内）ごとに一回行い，抜取り本数は5本とする。

図11.4　特記仕様書の例

5章　鉄筋工事

1節　一般事項

5.1.1 適用範囲　この章は，鉄筋コンクリート造，鉄骨鉄筋コンクリート造等の鉄筋工事に適用する。

5.1.2 基本要求品質
(a) 鉄筋工事に用いる材料は，所定のものであること。
(b) 組み立てられた鉄筋は，所定の形状及び寸法を有し，所定の位置に保持されていること。また，鉄筋の表面は，所要の状態であること。
(c) 鉄筋の継手及び定着部は，作用する力を伝達できるものであること。

5.1.3 配筋検査　主要な配筋は，コンクリート打込みに先立ち，数量，かぶり，間隔，位置等について，監督職員の検査を受ける。

2節　材料

5.2.1 鉄筋　鉄筋は表5.2.1により，種類の記号は特記による。

表5.2.1　鉄筋

規格番号	規格名称	種類の記号
JIS G 3112	鉄筋コンクリート用棒鋼	SR235, SR295 SD295A, SD295B, SD345, SD390
───	建築基準法第37条の規定に基づき認定を受けた鉄筋	

5.2.2 溶接金網　溶接金網はJIS G 3551（溶接金網及び鉄筋格子）により，網目の形状，寸法及び鉄線の径は，特記による。

5.2.3 材料試験
(a) 鉄筋の品質を試験により証明する場合は，適用するJIS又は建築基準法に基づき定められた方法により，それぞれ材料に相応したものとする。
(b) 基礎，主要構造部等建築基準法第37条に規定する部分以外で使用する鉄筋の品質を，試験により証明する場合は，次による。

図11.5　標準仕様書の例

に文字・数値で示したものです。

現場説明書と質疑応答書は、工事価格を見積る時点において、設計図や仕様書では表現しきれなかった情報を伝達・共有するため、設計者と施工者の間で確認・補完するために作成される書類です。

施工図・総合図の作成

設計を依頼した時点で、必ずしも発注者の要求品質・性能が確定しているとは限りません。往々にして発注者のニーズは刻々と変化し、設計作業の手戻り・手直しを伴う変更を余儀なくされます。設計自体は意匠・構造・設備に分業化され、並行して進んでいますので、変更に関わる情報伝達が確実に行われないと、各種設計図の間に齟齬を生じ、取り合わない、納まらないといった問題が発生します。

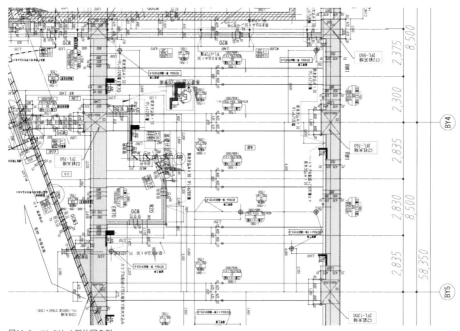

図11.6 コンクリート躯体図の例

また、ものづくりに不可欠な細部の仕様・寸法は、設計者のみでは確定しきれない部分もあります。ゼネコン、サブコン、メーカーを交えてノウハウを結集することにより、要求品質や性能を満足できることもあります。

これらの理由から、必ずしも設計図のみを頼りに建物をつくるのではなく、躯体図をはじめとする施工図や各種製作図を取り纏め、それに基づいて工事を進めることが一般的に行われています。

監理者の役割

第6章でもふれましたが、監理者の重要な役割の一つが、施工者とともに施工図や製作図に基づく協議・検討を通し、設計図書に照らして工事の妥当性を承諾・担保してゆくことにあります。

そのために監理者は、工事着工の前後からゼネコン、サブコン・メーカーとの定例打合せを開催します。そこでは設計図書に明示しきれていない各部のディテールを定め、設計図書間の矛盾・齟齬についての整合を図り、個々の専門工事会社の責任範囲を明確化してゆきます[図11.7]。

現場におけるほとんどすべての作業が施工図に基づいて進められることを鑑みると、監理者の責任と権限は、設計者以上に重く大きなものであるといえます。

図11.7　発注者・監理者・施工者による現場定例打合せ

情報化・BIM化への期待

設計図も施工図も、三次元の物体としてつくりあげる建物を二次元の図面で表現したものです。したがって、図面で表現・伝達できる情報には限界があり、それが作成する人間および読み取る人間の能力に依存せざるを得ない部分が多いことは否めません。その結果、現場で作業を行う段階になって、初めて図面の不整合・不備が顕在化することも珍しくありません。このような場合には、生産活動の手戻り・手

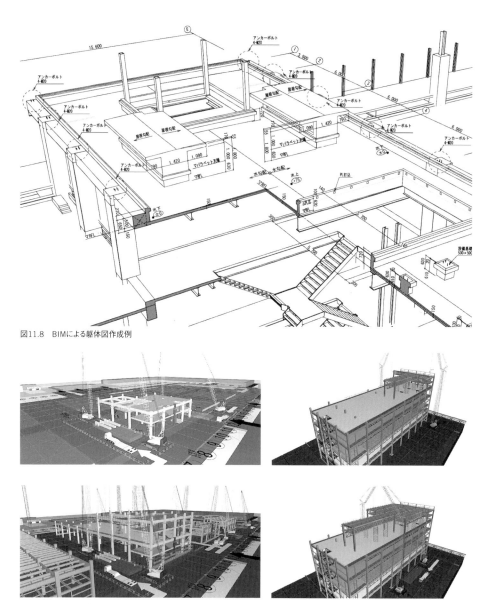

図11.8　BIMによる躯体図作成例

図11.9　BIMによる施工計画例

直し・手待ちを生じ、品質的にはムリ・ムダ・ムラを招く原因となってしまいます。

このような問題を抜本的に解消することを目的とし、設計段階から施工段階まで一貫した三次元データを用いて建物に関する情報を管理する手法が、BIM（Building Information Modeling）と呼ばれるものです。すべての設計図・施工図が、一元管理されたデータに基づいて作成されるので、図面間の不整合などが直ちに解消されることになります。

設計図書が従来通りに二次元の図面で作成されている場合でも、施工段階に入ってからBIMを活用することが進められています。それによって、最適な施工計画のシミュレーション、複雑な形状・ディテールの的確な把握と検討、VR確認を通じた関係者へのプレゼンテーションなどに取り組み、品質向上、原価の低減、工期の短縮、安全性の向上等の効果を着実に上げることが実現できています。

今後はBIMの活用をさらに進めてゆき、自動計測技術と連携した検査・確認ツールの開発や、全自動工法やロボット化システムを駆使した情報化施工へ展開することが期待されています。

見えない建設物・機械等
（仮設について）

建築生産では、固定されたラインを組んで生産を行うようなことができません。そこで、現場周辺の第三者を防護する設備、作業員が安全に作業する足場、資機材を移動する揚重機などを一時的に設け、生産を進める必要があります。

本章では、このように一時的に設ける「見えない建設物・機械等（いわゆる仮設）」について説明します。

仮設の考え方

仮設は、工事を円滑・安全に遂行する根幹をなすものです。施工者は工事の入手直後から、主要な仮設についての総合仮設計画図を作成します。そこには、仮囲い、ゲート・通用

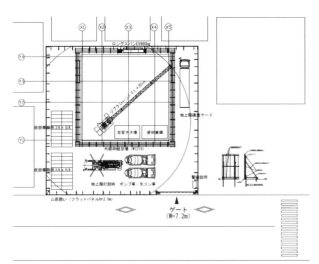

図12.1　総合仮設計画図の例

図12.2　仮設事務所の例

図12.3　作業員詰所の内部

図12.4　周辺環境に配慮した仮囲いの例

図12.5　搬出入口のパネルゲート

口、仮設建物、給排水設備、揚重機、足場などが描かれます。

仮設は役目を果たせば解体・撤去されるもので、あとに残って価値を生むものではありません。品質や安全を犠牲にせずに仮設を省略・簡略化することが可能であれば、コスト、工期の縮減につながります。すなわち、仮設の合理化こそが、施工者にとって腕の見せどころとなるのです。

仮設建物など

現場を運営・管理する拠点となる現場事務所が必要なので、通常は敷地内に仮設プレハブ式の建物を設けます。現場事務所には、発注者や工事監理者のスペース、設備専門工事会社の事務所なども併設します。

作業員のためには、更衣室や休憩所となる詰所を設けます。そこにもエアコン・給湯設備・シャワーを設置して分煙スペースを設けて快適な環境を整備するなど、旧態依然とした3K職場*1からの脱皮が図られています。

現場では、働く者が毎日一堂に会して朝礼を行いますので、その会場と朝礼に用いる掲示板も、大切な仮設の一つです。

仮囲い・ゲート

建築基準法施行令は、工事現場の周囲に仮囲いを設置し、第三者への危害防止を図ることを規定しています。最近では工事現場周辺の景観整備やCI戦略の一環として、仮囲いに様々な意匠的な工夫を施した事例が散見されます。仮囲いは「現場の顔」ともいえますので、日常の点検や維持管理においても細心の注意を払うことが不可欠です。

朝顔・防護構台

高所からの落下物による第三者への傷害を防ぐため、建築基準法施行令は防護措置を講じることを定めています。
朝顔とは、外部足場から外側に2mほど跳ね出させて設置する防護棚の俗称です。敷地いっぱいに高層建物が建つような現場では、歩道上を全面的に覆う防護構台を設け、第三者防護のさらなる徹底を図ります。

図12.6　飛来・落下防止用の防護棚（朝顔）

図12.7　飛来・落下防止用の防護構台

外部足場・内部足場

足場については、高所作業車と呼ばれる移動式足場の活用や、プレハブ化された部材や工法を用いた無足場工法の採用など、創意工夫を図る余地が多いといえます。

桟橋・乗入れ構台

地下を構築する際には、掘削や地下躯体を構築する車両やクレーンなどの重機が乗り入れる作業地盤が必要となりま

図12.8　防音パネルを用いた外部足場

図12.9　内部足場上での作業状況

図12.10　高所作業車による外装工事

図12.11　無足場での外装カーテンウォール*1の取付け

*1——カーテンウォール（CW）……日耐力壁の総称で、一般的には工場生産され、現場では取付けのみを行う外装材を意味します

図12.12　乗入れ構台の例

す。一般的にはH鋼や覆工板と呼ばれる鋼製の部材を組み合わせて乗入れ構台を架設します。

乗入れ構台は、敷地と掘削面積・建築面積の関係、掘削地盤の良否や深さ、使用する重機や搬出入車両の重量などを総合的に勘案し、最小のスペースで最大の効果を発揮するように架設範囲や積載荷重を検討・計画することになります。

垂直山留・水平山留

図12.13　切梁架設状況

掘削工事に伴って、周辺地盤が変形・沈下するおそれがあります。このような周辺地盤への影響を抑制する仮設を、山留と称します。地下工事に所要とされる工事原価と工期は大きな比率を占めていますので、土質条件などを精査し、経済的で安全な山留を計画することが、工事全体の合理化に大きく寄与します。

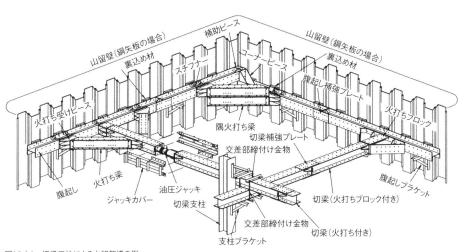

図12.14　切梁工法による山留架構の例

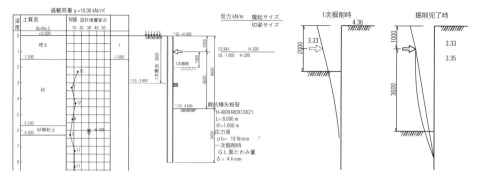

図12.15　山留の検討・解析事例

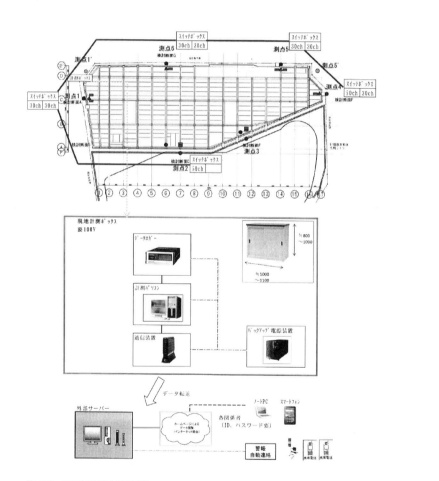

図12.16　山留計測管理システムの例

揚重設備

作業員や資機材の垂直方向への移動に用いられるのが、揚重設備です。大型で重量のある資機材を揚重するクレーンと、作業員や内装・設備関係の資機材の揚重に用いる仮設エレベータ等が代表的なもので、これらも工事の進捗に伴って組立・解体される設備となります[図12.17~19]。

図12.17　タワークレーン

図12.19　工事用仮設エレベータ

図12.18　小型タワークレーンによる大型タワークレーンの解体

図版出典
図6.2　内閣府国民経済計算年次推計
図6.3　国土交通省総合政策局資料
図6.5　国土交通省着工建築物統計
図7.3　日本建設労働論、筆宝康之、御茶ノ水書房、1992
図7.4　2015建設業ハンドブック、㈳日本建設業連合会
図7.5　国土交通省資料
図7.6　建設投資と建設技能労働者について、建設経済研究所、2015
図8.6　建設業労働災害防止協会統計値
図8.7　国土交通省建設機械施工安全マニュアル
図8.10　全自動ビル建設システムの開発(その2)、大林組技術研究所報No.61、2000
図10.1、2　公害苦情調査結果報告書(平成27年度)、公害等調査委員会
図10.7、8　土壌汚染対策法に係る技術的事項について(答申)、中央環境審議会、2002
図10.10、11　建築物の解体・改修工事における石綿障害の予防、建設業労働災害防止協会
表11.1　建築設計・監理等業務委託契約約款、㈳日本建築士会連合会他四会連合協定
図11.4　公共建築工事標準仕様書、国土交通省大臣官房官庁営繕部監修
図11.7、8　鹿島建設建築管理本部技術資料
図12.13　建築工事標準仕様書・同解説 JASS3、日本建築学会、2009

参考文献
・内閣府国民経済計算年次推計
・国土交通省総合政策局資料
・国土交通省着工建築物統計
・工事請負契約約款の解説、民間(旧四会)連合協定工事請負契約約款委員会編著、大成出版社、2016
・日本のゼネコン・その歴史といま、岩下秀男、日刊建設工業新聞社、1997
・労働力調査2018年1月30日、総務省
・国土交通省建設業許可業者数調査
・国土交通省建設投資見通し、許可業者数調べ、
・日本建設労働論、筆宝康之、御茶ノ水書房、1992
・2015建設業ハンドブック、㈳日本建設業連合会
・建設投資と建設技能労働者について、建設経済研究所、2015
・室内選書 職人、竹田米吉、工作社、1970
・職人たちの西洋建築、初田亨、講談社選書メチエ、1997
・Dearchitecture,Libridecem,M.P.Vitruvius、森田慶一訳、東海大学出版会
・東京大学教育講座11 機械と人間、竹内啓編、東京大学出版会、1985
・ものがたり機械工学史、三輪修三、オーム社、1995
・機械化施工合理化の研究、佐用泰司、鹿島建設技術研究所出版部、1959
・建設業労働災害防止協会統計
・国土交通省建設機械施工安全マニュアル
・高度成熟社会の人間工学、伊東謙治、日科技連、1997
・建設機械論 建築の技術 施工、田村恭他、彰国社、1984
・全自動ビル建設システムの開発(その2)、大林組技術研究所報No.61、2000
・技能革新、渡辺則之、日刊工業新聞社、1980
・建設業の世界、古川修、大成出版社、2001
・超高層建築別巻 続施工編、二階盛、鹿島出版会、1977
・公害苦情調査結果報告書(平成27年度)、公害等調査委員会
・土壌汚染対策法に係る技術的事項について(答申)、中央環境審議会、2002
・建築物の解体・改修工事における石綿障害の予防、建設業労働災害防止協会
・建築設計・監理等業務委託契約約款、㈳日本建築士会連合会他四会連合協定
・建築設計のクオリティマネジメント、建築設計QM研究会、㈶日本規格協会、1997
・公共建築工事標準仕様書、国土交通省大臣官房官庁営繕部監修
・鹿島建設建築管理本部技術資料
・建築工事標準仕様書・同解説 JASS3、日本建築学会、2009

Part 3

建物の管理と保全

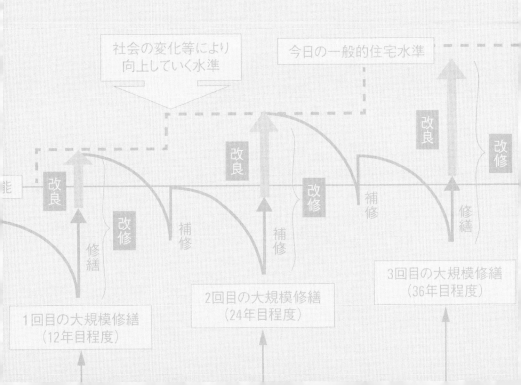

社会の変化等により
向上していく水準

今日の一般的住宅水準

改良

改修

能

改良

改修

修繕

補修

改良

補修

改修

補修

修繕

1回目の大規模修繕
（12年目程度）

2回目の大規模修繕
（24年目程度）

3回目の大規模修繕
（36年目程度）

建物の生涯（building life-cycle）

建物を長生きさせるためには

建物にも、私たち人間と同様に生涯があります。人間は生まれてから生活しながら日々成長します。そして老いて最後には死を迎えます。私たちは、生まれてからその命を全うするまでの間、事故にあったり病気になったりすることがあります。また、建物も人間と同様に新築され（生まれ）、使われ（生活）、古くなり（老い）、最後には取り壊されます（死ぬ）。このように建物が新築されてから取り壊されるまでの一連の流れを建物の生涯ということができます。建物も使われているうちに、地震などの災害によって壊れたり（事故）、湿気やシロアリなどによって被害を受けたり（病気）します。つまり、人間の生涯が一人ひとり異なることと同様に建物の生涯もそれぞれ異なるのです。

人間が過去に比べてより長生きできるようになったのは、医療技術の進歩による影響が大きいことはいうまでもありません。過去には事故や病気で死んでしまったであろうというような場合であっても、現代の医療技術によって命を永らえることができるようになりました。つまり、人間の生涯には医療技術の進歩と医師の役割が大きいというわけです。生まれるときは産科、生活しているときは内科や外科など様々な分野の医療によって、病気や怪我が治療され延命されるのです。さらに、現在の医療技術は、病気が深刻になる前に定期的な健康診断や人間ドックなどによって早期発見または予防することが可能で、元気な体で長生きすることができるようになりました。このように人間を長生きさせる取組みを建物に

人間の場合

生まれる ➡ 成長する ➡ 老い ➡ 死ぬ

建物の場合

建てる ➡ 使う(生活する) ➡ 老朽化する ➡ 解体する

図13.1　人間と建物の生涯

応用すれば、建物も安全かつ丈夫な状態で長持ちさせることができます。つまり、これからの建築は単に新築するまでではなく、建物の生涯を考慮しなければなりません。建築を学ぶ人の心構えとして、建物を建ててから解体されるまでに関わる「建物のお医者さん」を目標にしてはどうでしょうか。

建物の性能は変化する

＊1── 経年劣化……年月が経つにつれ製品の品質・性能が低下すること

世の中のものは時間が経つと古くなり、経年劣化[1]します。洋服も机も車も建物も経年劣化します。たとえば、**図13.2**のように建物を新築したとき(築年数:0年)の性能を100%、経年劣化が進み完全廃墟状態になったときの性能を0%と仮定した場合、建物の性能は人に使われながら時間が経つ(経年:n年)につれ、徐々に落ちて最後には0%になります。しかし、0%の建物に人間は住むことはできません。人間が住めるようにするためには、一定以上の性能(最低性能レベル:X%)を維持しなければなりません。

建物の性能が100%からX%まで落ちるまでの時間を私たちは使用可能年数と呼んでいます。新築してから修繕や改修などのメンテナンスをしない場合は、建物の性能は経年劣化などによって、Aのように使用可能年数が短くなります(n1年)。しかし、定期的なメンテナンスを行う場合は、経年劣化を少

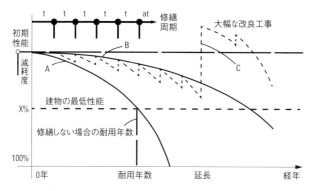

図13.2　建物の性能の変化

しずつ遅らせることができ、建物の性能も一定程度が維持され、Bのように使用可能年数を伸ばすことができます。

さらに、数十年を経過した建物を内装や外装を含め、設備も新たに更新する大規模な改良工事を行う場合、建物の性能は新築当時の100％を超えることもありえるのです。このように建物の性能はつねに変化しますが、人間の力でコントロールすることができるのです。それによって建物の使用可能年数をより長くすることが可能となります。

建物の寿命と耐用年数

建物にも生涯があり、性能は経年とともに落ちることになると「いったい何年その建物がもつのか？」ということが大きな問題になります。そこで、建物の寿命と耐用年数という問題が浮上してきます。人間に寿命があるのと同様に、建物にも寿命があります。人間の平均寿命が何年なのかについては推計方法を用いて答えることができますが、個人個人の寿命を推計することはできないので、その人が亡くなったときが寿命となります。つまり、寿命は結果として「決まるもの」であって、誰かが「決めるもの」ではけっしてありません[2]。

これと同様に、建物の寿命とはその建物が世の中に存在した期間であり、個別建物の寿命は取り壊されたときに初めて

*2──建築寿命の推定、小松幸夫、建築雑誌2002年10月号（vol.117 no.1494）

*3——建設白書、建設省、1996

わかるのです。しかし、建物の平均的な寿命は推計すること
ができます。ある文献*3によると日本住宅の平均寿命は約
26年、アメリカは約44年、イギリスは75年となっています。
非常に短くてもったいないように見えますが、これは取り壊さ
れた住宅を合算し平均値を出した数値ですので、厳密には
平均寿命とはいえません。

平均寿命を推計するためには取り壊された建物だけでなく、
同時期に建てられたたくさんの残存建物にも考慮する必
要があります。このような残存建物にも考慮した寿命推計
に関する研究もあり、2011年の研究*4では専用住宅の平
均寿命の場合、木造は約54年、RC造は約57年、鉄骨造
は約52年となっています。1982〜2005年までの調査結
果を見ると、平均寿命が年々長くなっていることがわかりま
す[表13.1]。

*4——建物寿命の現状、総合論文誌、小松幸夫、日本建築学会編(9)、23-26、2011.01.20

一方、寿命が「決まるもの」に対して耐用年数は「決めるも
の」です。耐用年数とは、あるものを使用する年数ともいえま
す。もともとは建物や機械などの固定資産に対して、税金を
徴収するために財務省(旧大蔵省)が定めたもので国の方針に
よって変わることもあります。**表13.2**では鉄筋コンクリート造
の事務所用の場合、1989年改正時に65年になっています
が、1998年改正時には50年になっています。実際に鉄筋
コンクリート造の事務所ビルは、築50年になっても築65年
になっても人間が取壊しをしなければ存在している場合がほ
とんどです。しかし、使える状態、性能を維持しているかどうか
は人間のメンテナンスによります。

表13.1　建築寿命の推定

調査年	専用住宅			共同住宅			事務所	
	木造	RC造	鉄骨造	木造	RC造	鉄骨造	RC造	鉄骨造
1982年	37.69							
1987年	38.68	40.68	32.53	32.10	50.61	29.62	34.79	28.64
1990年	40.63				42.51			
1997年	43.53	49.94	40.56	37.73	45.26	41.00	45.63	32.95
2005年	54.00	56.76	51.85	43.74	45.17	49.94	51.39	41.70

表13.2 建築寿命の現状

構造又は用途	細目	1998年改正	1989年改正
鉄骨鉄筋コンクリート造又は鉄筋コンクリート造	事務所用等	50年	65年
	住宅用等	47年	60年
れんが造、石造又はブロック造	事務所用等	41年	50年
	店舗用、住宅用等	38年	45年
金属造(骨格の肉厚が4mmを越えるもの)	事務所用等	38年	45年
	店舗用、住宅用等	34年	40年
金属造(骨格の肉厚が3mmを越えて4mm以下のもの)	事務所用等	30年	34年
	店舗用、住宅用等	27年	30年

つまり、耐用年数はあくまでも固定資産の税務上の減価償却を行うにあたって、減価償却費の計算の基礎となる年数のことであり、財務省令に定められているものにすぎないのです。

建物の生涯にかかる費用

建物を建てるためにかかる費用は膨大です。人の生涯における買い物としては、最も大きなものであるといっても過言ではありません。そのような一世一代の大きな買い物に必要となる費用について、深く考えることは非常に重要なことです。**図13.3**は建物の生涯にかかる費用のイメージです。

海の上に浮いた氷山がありますが、実は海面下に沈んでいて人目に見えない部分のほうがその何倍以上に大きいのです。つまり、建物を建てる際に考慮する建設費(主に企画・設計費用と施工費用)は、海の上に浮いた氷山の上の部分のようなもので、それは建物の生涯にかかる費用のごく一部にすぎないのです。建物を建てたのち数十年間にわたってかかる光熱水費、保全費、改修工事費や解体費などは一見、目には見えないのですが、新築時の建設費の何倍にもなるともいえます。

したがって、「建物の生涯」という観点は非常に重要で、建物の生涯にかかる費用は、新築したあとの費用にも考慮する必要があり、これらを建物の生涯費用(ライフサイクルコスト・LCC)と

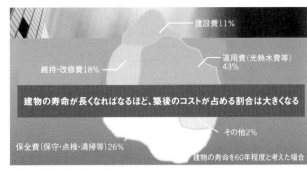

図13.3　建物の生涯にかかる費用

いいます。新築時の建設費の安さだけで建物を購入した場合、のちに建物の劣化が思った以上に早くなったり、光熱水費が高くかかったり、耐震性が不足したり、防音・防湿問題で生活環境が悪くなったりするなどの、問題発生の可能性が高くなることも十分にありえるのです。

日本建築の過去と現在

経済成長期と成熟期

日本は1950年代から高度経済成長期に入り、1964年の東京オリンピックと1970年の大阪万国博覧会を経て第1次オイルショックによって成長率が落ちるまで約20年間、平均9.1%の驚異的な経済成長を成し遂げました。この時期は、建築だけでなく、道路、橋、トンネル、新幹線など多くのインフラ施設の建設が同時に進行した結果、コンクリート骨材不足による海砂の使用と人手不足による低品質な建築物もつくられ、深刻な社会問題にもなりました。そして、1970年代半ば以降から技術開発による高品質、高付加価値を生

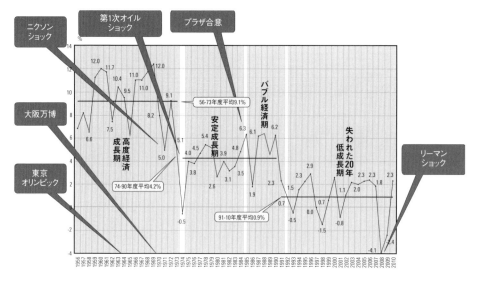

図14.1　年度別経済成長率の推移

み、建築産業は安定的な成長を維持します。しかし、不動産バブル崩壊後、景気は永らく低迷し、その影響は今日にまで及んでいます。

近年までの建築業界では、建物を企画・設計し、施工することまでしか考えていませんでした。新築した建物でも時間が経つと古くなり、あちらこちらに傷みや故障が発生します。古くなった建物は自ずと劣化し、人間が使いにくくなると解体され、また新たな建物が建てられます。これをスクラップ&ビルド*1といい、日本は戦後の復興、高度経済成長期を経てバブル経済期になる90年代までスクラップ&ビルドを繰り返してきました。しかし、バブル崩壊後から経済の低迷が続き、スクラップ&ビルドを繰り返すことは難しくなりました。その過程で、日本は社会基盤の構築や数量の供給を重視する成長型社会から、量より質を、画一化より多様化を、社会実現より自己実現を追求する、いわゆる成熟型社会になってきたといえるでしょう。そして、建築においても古くなった建物をいかに長く使えるかを工夫することが重要な課題になってきました。

経済成長期以降増え続けた日本の人口は、2005年をピークに減少傾向に転じました。これまで、日本を支えてきた年

*1——スクラップ&ビルド……古くなった建物を解体・廃棄して、新しい建物に建て替えること

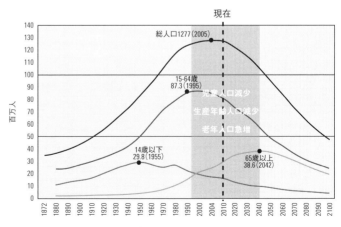

図14.2　日本の人口数変動の推移

齢層は続々と定年退職し、年金や様々な扶助を受ける側の老齢者となりました。平均寿命が伸びたこともあり、この老齢人口が急激に増え、今後、医療費をはじめ国家の負担はますます大きくなります。一方、日本の将来を担う児童人口は1955年から減少しはじめ、今日の日本経済を支える生産年齢人口もすでに1995年から減少しています。つまり、労働により国や地方自治体に納税義務のある人口は減少傾向にあり、一方で国や若者の支えを受けることになる老齢人口ばかりが急激な増加傾向にあるため、全国民の年齢構成は極めて不安定な状況になっています。

建築ストックの状況

日本では戦後、1955年以降、高度成長と急激な人口の増加に伴い、国および地方自治体を中心にインフラや施設整備が急がれてきました。民間企業では、工業や輸出産業の急成長により、急激に規模を拡大しました。特に工場や学校施設、住宅、庁舎、福祉施設等の各種施設の整備も急がれました。そして、その急速な施設整備の結果、膨大な施設ストックを抱えることになったのです。現在ではそれらの施設が老朽化による更新時期を迎えつつあり、維持保全の問題が浮上してきています。

図14.3は、戦後から現在までの住宅ストック数と世帯数の推移を表しています。1958年までは世帯数より住宅数が下回りましたが、人口増や経済成長とともに住宅供給が継続的に行われ、2008年には住宅数5759万戸に対して世帯数4997万世帯となり、約800万戸の空き家が発生するまで増加しました。そして2005年からは総人口の減少のため、空き家の数は今後さらに増えることになるでしょう。

図14.4は全国にある国有建築物の延べ床面積を表しています。すでに2004年に全体の28%が築後31年以上を経過していますが、2014年には45%、2024年には54%の建物が築後31年を越えてしまう見込みです。建物は、築後20

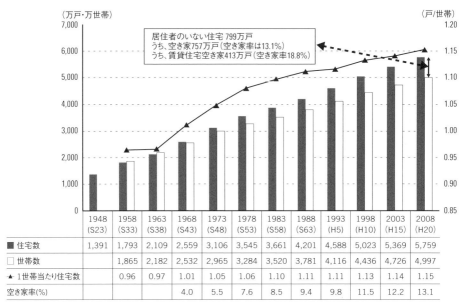

（万戸・万世帯）	1948 (S23)	1958 (S33)	1963 (S38)	1968 (S43)	1973 (S48)	1978 (S53)	1983 (S58)	1988 (S63)	1993 (H5)	1998 (H10)	2003 (H15)	2008 (H20)
■ 住宅数	1,391	1,793	2,109	2,559	3,106	3,545	3,661	4,201	4,588	5,023	5,369	5,759
□ 世帯数		1,865	2,182	2,532	2,965	3,284	3,520	3,781	4,116	4,436	4,726	4,997
▲ 1世帯当たり住宅数		0.96	0.97	1.01	1.05	1.06	1.10	1.11	1.11	1.13	1.14	1.15
空き家率(%)				4.0	5.5	7.6	8.5	9.4	9.8	11.5	12.2	13.1

図14.3　住宅ストックと世帯数の推移

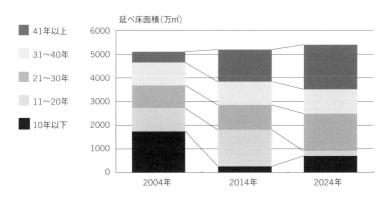

図14.4　国有建築物ストックの推計

年を経過すると性能維持のためにメンテナンスが必要にな
り、築後30年以上になると大規模な修繕工事が必要とな
り、工事費用も多額になります。

図14.5は、地方自治体が保有する公共施設の築年別床面
積の内訳を示しています。2006年には全施設の23%が築
後30年以上でしたが、2016年には56%が築後30年以上

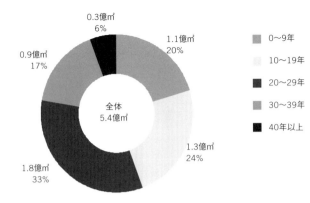

図14.5　地方自治体の築年別床面積の内訳〔2006年〕

となります。地方自治体の場合、国有建築物よりストックの規模や経過年の長いいわゆる老朽化した施設が多いため、さらに深刻な問題になっているといえます。このような状況から、維持保全・更新等を適切な時期・コストで行う必要性が非常に高まっています。

問題意識の台頭

バブル経済崩壊後、1990年代から建築物の長寿命化への意識が高まり、維持保全やライフサイクルコスト全般の理論、その手法、あるいは施設の診断や改修、適切な維持保全の検討などが行われてきました。しかしながら、これらは住宅や民間オフィスなどを対象としたケースが多く、公共建築については、国および地方自治団体によるストック量調査、維持保全に関する考え方の提示にとどまることがほとんどで、特に地方自治体の公共施設については適切な維持保全が見落とされがちになる傾向にありました。

図14.6を見ると、日本全体の不動産規模は約2300兆円で、そのうち民間所有の企業不動産と公共所有不動産は、それぞれ490兆円と同じ規模を示していますが、保有施設の品質は企業不動産側のほうがよいといえます。企業所有

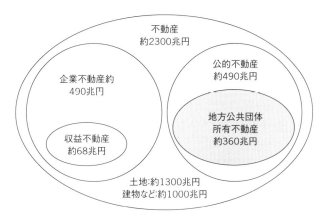

図14.6　公共および民間の所有不動産規模

の不動産は、バブル経済の崩壊後、企業を倒産に陥れるリスク資産として処分したり、不動産を活用した利益創出に努め、積極的な運用管理や効率化に努めてきました。その反面、公共所有不動産の場合は固定資産税を納税する必要もないし、毎年国民からの定期的な税収があるため、運用管理の効率化が見過ごされてきたうえに、長寿命化と維持管理に関する意識も希薄であったことが指摘できます。

近年、東日本大震災での九段会館1階大ホールの天井崩落（2011年3月11日）や、笹子トンネル天井板落下（2012年12月2日）など、老朽化した公共施設の事故が相次ぎ、これらをきっかけに施設の老朽化に対する積極的な対応に努めるようになりました。

施設マネジメントの必要性

建築物の維持保全・更新等には様々な手法が考えられます。大規模な修繕もしくは改修工事において、時期をずらしたりすることでコストを低減していく方法、日常の維持管理費用（清掃費・警備費・エネルギーコスト）をベンチマーキングによって比較し最適化する手法、日常点検等によって潜在的なリスクをあらかじめ発見し予防保全を行う手法、利用率・入居率

等を判断基準とし施設の売却・用途変更・廃止を検討する手法、その他にも様々な手法があげられます。しかし、数多くの施設を所有し運営・管理している自治体の場合、単に施設の現状を確認しそれを改善しようとしても、財政状況や内部構造的な問題で解決が難しいことがあります。そこでは施設運営・管理効率化のための建築の領域を超えた視野をもつことが求められます。

一般的に、建築物・施設の最適化に関する手法全般をファシリティマネジメント（FM）と呼ぶことがよくあります。実際には、FMはそれらを含んだ総合的な活動と定義されています。また、いくつかの自治体において施設マネジメントという言葉が使われていますが、こちらも様々な意味で使用されているのが現状です。また、関連する用語としてCREマネジメント、アセットマネジメント（AM）、プロパティマネジメント（PM）、PREマネジメント、エネルギーマネジメント等があげられます。これらの用語に関しては「公共施設資産を次世代に継承するファシリティマネジメントの提言2008／JFMA」に掲載されていま

	民間		公共事業用	
	投資用不動産	事業用不動産	公共事業用	公共基盤
財務戦略 資金調達 投資戦略 売却戦略	アセットマネジメント	CREマネジメント	PREマネジメント ・財務戦略（公有資産） ・債務返済含む資産運用 ・資金調達・投資スキーム（FFL ファンド活用）	
不動産 取得 計画・建設			公共ファシリティマネジメント ・公有資産活用戦略 ・施設統廃合 ・ポートフォリオ管理 ・リスク管理 ・パートナー選定 ・投資計画立案・実施	
不動産 運用監理	プロパティマネジメント			
施設・設備 管理		民間FM	・施設管理・設備管理 ・エネルギー管理 ・ITインフラ管理 ・ワークプレイス戦略	土木 アセットマネジメント

図14.7　施設マネジメントの定義および範囲

施設マネジメントの範囲・定義および調査範囲

すが、建築物の新築から解体されるまでをマネジメントすることに変わりありません。

建築物を新築する際には、企画する段階で築後のメンテナンス費、光熱水費、改修工事費などのライフサイクルコストを考慮すること、デザイン性のよさに加え、快適な暮らしが可能な機能性と省エネ性能の高さなども考慮しなければなりません。また、既存建築物においては現在の耐震性能や老朽化状況、利活用状況を分析したうえ、ライフサイクルの観点から建替えまたは再生を考慮することが求められます。

建物の維持・保全

維持・保全とは

建物は新築してから時間が経つにつれて、古くなったり故障したりします。保全は、①対象の状況把握、②異常を把握した場合の適切な処置、の二つの要素で構成されます。効率よく保全するためには、対象ごとに点検基準や異常発見時の対応方法を決めておくことが重要ですし、さらに建物の性能が落ちたときに、これを改善するために行われるあらゆる活動が必要です。

図15.1に時間の経過に伴う建物性能・機能の低下と、各種の保全活動との関係を示しました。一般に「維持保全」とは、建物性能・機能を建設当初のレベルに戻すための様々な行為をいいます。これに対して、建物性能・機能を建設当

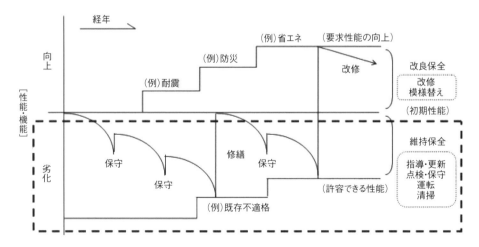

図15.1　維持保全と改良保全

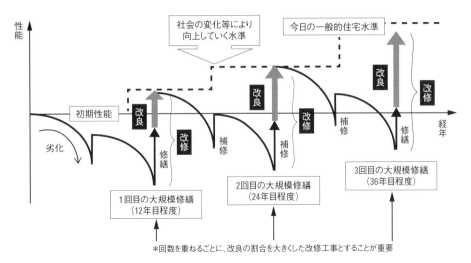

図15.2　マンションの補修・修繕・改修の概念図

初のレベルより高める行為を「改良保全」といいます。「維持保全」は経年に伴う劣化や不具合を直したり部分的に材料を更新したりする行為になりますが、「改良保全」は建物に対する要求性能水準が法律の改正などに伴って高まった場合に、それに合わせるように改修や模様替えをする行為になります。

事後保全と予防保全

維持保全の方法としては、**図15.3**に示すように大きく分けて「事後保全」と「予防保全」があります。「事後保全」は、建物のある部位・部材または設備機器に異常（不具合）が発生した場合に保全を行う、いわば問題発生後に対処する場当たり的な保全です。一方、「予防保全」は異常が生じる前にメンテナンスを施し、異常発生をできるだけ防ごうとする保全です。その方法としては、異常が発生しそうな兆候を定期的な点検で検知して対処する場合と、異常の兆候の有無にかかわらず時期を決め、補修や交換を行う場合などがあります。一般的に、異常発生後のリスクが大きい場合は被害を最小

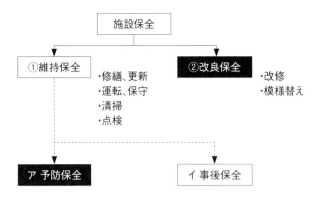

図15.3　各種保全行為の関係

限にするために予防保全が望ましく、リスクが小さい場合は
点検などに要する保全費用を節約する意味で事後保全で
も十分と考えられます。つまり、発生するリスクを考慮し、両
方をバランスよく実施するためにメリハリをつけることが重要
です。

故障の発生確率

一般的に異常が発生する確率を語る際にバスタブ曲線を
用います。バスタブ曲線とは故障率曲線ともいい、あるもの
が時間の経過とともに発生しうる故障の割合の変化を示す
グラフです。その形が**図15.4**に示すように、浴槽の断面に
似ていることでバスタブ曲線と呼んでいます。
世の中のもの（機械・装置など）は使用開始直後、製造上のミス
や欠陥等によって初期不良（故障）が発生する可能性があり
ます。時間とともにこれらの初期不良は取り除かれますが、
その後から一定期間は故障率がかなり減ります。さらに時間
が経過すると摩耗あるいは劣化による故障が生じますので、
このあたりで部品の交換や修理などを実施することで故障
率を低くおさめることができます。建築物は数万〜数十万の
部品で構成された大きなものですので、各部位・部材にもこ
の曲線で説明できる様々な故障が生じます。

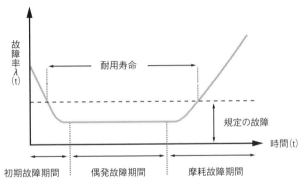

図15.4　故障確率を示すバスタブ曲線

計画保全と保全計画

予防保全の考え方で建物を維持保全していくためには、保全対象となる建物の部位や設備機器などの保全方法と時期を把握する必要があります。そして、将来に発生しうる不具合に対処するために、事前に立てる計画を保全計画といい、その計画に基づいて改修・修繕工事などを実施することを計画保全といいます。建物を数十年間使うことを想定すると、長期にわたる保全計画を立てておくことが重要です。

保全計画を立てる際の対象は、一般的に建物の外装、屋根（屋上）、設備のような共用部分が主な対象です。公共建築物や賃貸マンションのように所有者が一人または一団体の場合は改修・修繕工事費の負担も単独支出となりますが、分譲マンションの場合、個人で所有する室内空間等の専有部分と、所有者全員で所有する共用部分を明確に区分し、改修・修繕工事の実施および費用負担においても所有者全員で合意のうえ実施します。個人の住まいである専有部分は保全計画の対象にしないことが一般的ですが、専有部分と共用部分があってはじめて住宅として機能し、また資産としての価値が成立しますので専有部分も定期的に修繕や改修を行う必要があります。

したがって、専有部分と共用部分の建物・設備の各部分の劣化の状況に応じて適切な時期に修繕を行わないと劣化はどんどん進み、住まいとしての快適性も資産としての価値も低下してしまうことになります。また、劣化が一定以上進んでしまうと、修繕に多額の費用が必要になり、以前の状態に戻すことも困難になります。

このようなことから、分譲マンションを長期にわたって快適で安全な住まいとして維持し、また、大切な資産としての価値を維持するために、計画修繕、すなわち、共用部分の修繕について長期的な修繕計画を立て、その計画にしたがって適切な時期に修繕工事を行うことが重要になります。

長期修繕計画

長期修繕計画とは、経年によって進行する建物の劣化を防いだり遅らせたりするために長期的な視点で作成する修繕計画をいいます。この際、必要な資金をどのように準備するのかあらかじめ計画することも必要です。

一般に分譲マンションでは、おおむね10〜15年ごとに大規模な修繕工事の実施が必要です。この大規模な修繕工事には、一戸当たりでおよそ数万円〜数十万円程度の費用がかかるとされています。長期修繕計画とは、このように多額の費用が必要になる分譲マンションの修繕工事を的確に実施するために、向こう20〜30年程度の期間を見通して、いつ、どの部分を修繕するのか、そのためにはどのくらいの費用がかかるのか、そして、その費用を各所有者がどのように負担しあうのかを、あらかじめ計画するものです。そのために、以下のように五つの項目で構成されています。

① 建物の概要、設備・外構等の概要、関係者、管理・所有区分、維持管理の状況、会計状況、設計図書等の保管状況について明確に記述します。
② 劣化の現象と原因、修繕（改修）方法の概要について明記

し、これに基づいて定期的な調査・診断を行い、計画の見直しを行います。

③ 長期修繕計画の目的、計画の前提等、計画期間の設定、推定修繕工事項目の設定、修繕周期の設定、推定修繕工事費の算定、収支計画の検討、計画の見直しおよび修繕積立金の額の設定の考え方について明確に記述します。

④ 長期修繕計画の内容としては、計画期間の設定、推定修繕工事項目の設定、修繕周期の設定、推定修繕工事費の算定、収支計画の検討内容を記述します。

⑤ 修繕積立金の額の設定においては、修繕積立金の積立方法、修繕積立金の額の設定方法、住戸タイプ別月当たりの修繕積立金の額を明確に記述します。

修繕積立金は長期修繕計画に基づき、将来に発生する多額の改修・修繕工事費用を事前に積み立てておくことで必要な時期にすぐ工事ができるように用意した費用です。ほとんどの分譲マンションでは、一戸当たり毎月数千円〜数万円の費用を修繕積立金として積み立てていますが、修繕積立金のない建物においては、必要な時期に適切な工事ができなくなりますので劣化がさらに進むおそれがあります。

長期修繕計画の内容には、修繕工事の内容を実施時期および必要な工事費用などについて概略的に記述されていますので、実際の改修・修繕工事を行う場合は長期修繕計

1〜5年	5〜10年	10〜15年 大規模改修時期	15〜20年 水廻り改修時期	20〜25年 2回目大規模改修時期	25〜30年 2回目大規模改修時期	30〜35年 機器設備改修時期	35〜40年 3回目大規模改修時期
定期点検	定期点検	空調、換気設備取替 / 防水補修、鉄部塗装 / 外壁補修、外壁塗装	排水ポンプ部品取替 / 給水ポンプ部品取替 / 火災報知設備取替	インターホン取替 / TV共聴機器取替 / 外壁塗装 / 防水補修	排水ポンプ部品取替 / 給水ポンプ部品取替 / 貯水タンク取替 / 外構、駐車場設備	情報通信設備取替 / 電灯設備取替 / エレベーター取替	防水補修 / 外壁補修、外壁塗装 / 火災報知設備取替

図15.5　集合住宅の経年と点検、改修、大規模修繕時期の目安

画の内容を参考にし、劣化診断を行ったうえ具体的な修繕実施計画を作成する必要があります。その結果によって、工事の実施時期、工事対象、工事項目などが変わることもあります。

修繕項目と修繕周期・更新周期

修繕周期は、長期修繕計画で定められた修繕更新工事の開始時期を示します[表15.1]。2008年度の国土交通省で定められた「長期修繕計画作成ガイドライン」では、屋上防水は10〜15年、外壁塗装は10〜15年、ベランダ防水は10〜15年、共用鉄部塗装は3〜5年、タイル改修は10〜15年、扉・窓回りコーキング3〜5年が目安の参考値になっています。計画修繕はこのような一定の周期を参考に、建物・設備

表15.1　集合住宅における修繕項目と修繕周期の例

修善項目			補修	改修	1	2	3	4	5	6	7	8	9	10	11	12	13	14	15	16	17	18	19	20	21	22	23	24	25	26	27	28	29	30
屋根防水改修	陸屋根防水(塔屋共)	押えコンクリート防水	12	24												○												●						
		露出防水	12	24												○												●						
	傾斜屋根防水	シングル葺き等	12	24												○												●						
		金属板葺等		24																								●						
外壁等改修	一般外部		12	36												○												○						
	一般天井		12	36												○												○						
床防水等改修	開放廊下・階段等			12												●												●						
	バルコニー			12												●												●						
鉄部等塗装	雨がかり	開放廊下手摺	4					○				○				○				○				○				○				○		
		バルコニー手摺	4					○				○				○				○				○				○				○		
		その他手摺等	4					○				○				○				○				○				○				○		
		屋外鉄骨階段	4					○				○				○				○				○				○				○		
	非雨がかり部等	住戸玄関扉	6							○						○						○						○						○
		その他	6							○						○						○						○						○
	非鉄部等		12													○												○						
道具・金物等改修	手摺関係	開放廊下手摺		36																														
		バルコニー手摺		36																														
		その他手摺等		36																														
	屋外鉄骨階段			36																														
	住戸建具関係	住戸玄関扉・アルミサッシ等	24	36																								○						
	その他	郵便受・笠木・竪桶等		24																								●						
		M-BOX・共用建具等		36																														
共用内部等改修	共用内部等			12												●												●						

(注)○補修　●改修(交換)

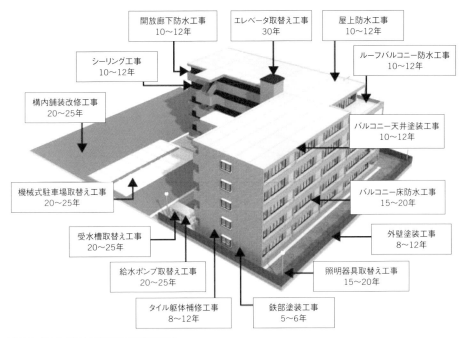

図15.6　集合住宅における部位別の修繕時期の例

の各部分の経年変化を考慮して計画的に実施することが重要です。なお、各工事項目の修繕周期には一定の幅があります。これは立地条件、仕上げ、施工方法、周囲の環境等によって、個々の分譲マンションで劣化の進行状況が異なるからです。

したがって計画修繕の時期が近づいたら、劣化診断を行うなど専門家のアドバイスを受け、「何の工事」を「いつ行うか」を十分に検討して、修繕工事に取り組む必要があります。また、このとき工事の周期に若干のずれがあっても、工事の効率的な実施と費用の節約を図るため、複数の工事を一緒に実施するなど、適切な「修繕実施計画」を作成したうえで修繕工事を行うことも必要です。

点検・診断

一般に建築後10〜15年程度経過すると、建物に何らかの劣化が進行していると考えられます。したがって、長期修繕計画に定められた修繕工事の項目と時期を確認し、時期が近づいた工事のために劣化診断を行い、修繕工事の実施のための準備に着手することが必要です。なお、過去に何らかの修繕工事を行っていても、工事実施後一定の年数が経過し、再度修繕工事の時期が近づいている場合は、同様に劣化診断を実施し、修繕工事の準備に着手することが必要です。

劣化診断の結果から、具体的な修繕工事の範囲や費用が決まりますので、当初の長期修繕計画の内容と必ずしも一致しないことが多々あります。しかし、建物・設備の劣化の状況を把握することは重要で、定期的な点検・診断によって建物の性能を高く維持することができます。そのためには、建物の所有者自らが自己点検することによって、専門家に依頼する劣化診断のための基礎資料が得られるとともに、多くの方々に参加してもらうことで、合意の形成にも役立つことが考えられます。

建物および公共施設の劣化・老朽化

建築物の劣化(老朽化)とは

劣化とは、主に品質が低下すること、性能・品質などが低下して以前よりも劣ってくることをいいます。大きく分けると、物理的劣化、機能的劣化、社会的劣化に分類することができます。

物理的劣化(老朽化)は、時間の経過や繰返し使用されることに伴う化学的・物理的変化により、品質や性能が損なわれることをいいます。機能的劣化(相対的劣化、陳腐化)は、技術革新によって従来より優れた製品が開発されたことにより、従来のものの品質が低下していなくても、相対的に性能が低く評価されることをいいます。また、社会的劣化は、消費者・使用者の要求水準が向上し、従来のものでは要求に対応しきれなくなることをいいます。これは消費者側の心理的変化によるもので、必ずしも物理的な品質低下を伴わないことがあります。

公共施設の老朽化の状況

図16.1〜図16.5は、2008年度に公共施設の老朽化の状況と地方自治体の対応状況を調査した結果の一部です。

図16.1は、1973年竣工のRC造建物で、漏水による外壁部分の改修履歴があるものです。当時、経過年数35年にもかかわらず屋上防水の修繕工事が行われていないため、防水層の劣化が進み天井からの漏水により蛍光灯の電気機器に影響を与えている深刻な状況を示しています。この建

物は2003年に地下にあった空調設備を屋上に移設更新する工事をしましたが、その時点では屋上防水には何の問題もなかったということです。しかし、経過年数30年であれば十分に屋上防水改修工事を検討する時期であったにもかかわらず、これを無視して、そのうえに空調設備工事を行ってしまったため、最終的に屋上防水工事の改修工事費用はさらに高くなることとなりました。もしこの施設の長期修繕計画が立てられていたなら、無駄な修繕工事費の増大は防ぐことができたと考えられます。

また、地方自治体の営繕部門は建築的な専門知識をもっていますので、30年ほど経過した施設では屋上防水工事が必要なことは当然知っていたはずですが、実際にそのような知識を正しく活用できない組織内の構造的な矛盾があったことを示唆しています。それは地方自治体の工事進行のプロセス上、営繕部門は施設に関するほとんどのデータをもっておらず、施設を運営している所管部門で空調設備更新工事を依頼すると、その工事のためだけに入札資料を作成するのが主な業務になるからです。もし営繕部門がこの施設に関する施設情報、工事履歴などをもっていたならば、このような

図16.1　1973年竣工のRC造建物の屋上の状況と室内天井照明部の様子

図16.2　屋上配管部の劣化の様子

予算の無駄は防ぐことができたものと考えられます。

図16.2は、屋上の配管部分が錆びて鉄部に穴が開いてしまったケースです。配管の劣化はほとんどが内側の腐食およびスケール・スライム堆積障害であり、普段のメンテナンス次第で鋼管の交換周期は25〜40年まで延ばすことが可能です。しかしながら、本事例のように外側から配管の劣化が進むということに対しては、最低10年に1回の防錆塗装をすることが必要になってきます。

図16.3は、屋上の排水口の詰まりによる水溜りが長期間放置されてしまい、屋上防水層の劣化が進行した事例を示しています。パラペットのモルタル笠木の劣化が進み、剥離・剥落が発生しているため、人身事故が起こる可能性もあります。しかしながら、施設担当者は屋上に上がった経験がなく、さらには掃除の対象にもなっていません。日常的なメンテナンスがいかに重要か認識を改めるといったような担当者の意識改革も必要と考えられます。

図16.4は、2002年竣工のRC造建物です。調査時点ではまだ築年数5年のため修繕工事は行われていませんでしたが、屋上の状況は良好ではありませんでした。屋上防水はアス

図16.3　屋上排水口の詰まりと屋上防水層の劣化および漏水の様子

図16.4　2002年竣工のRC造建物の屋上保護モルタルの様子

ファルト防水の上にモルタル保護層を置く仕様となっていますので、モルタル保護層に問題がなければ25年ほど性能を維持できる可能性もあります。ところが、清掃不足等によってすでに排水口の排水機能が失われつつあります。加えて、モルタル保護層の破損で防水層の寿命はさらに短くなるはずです。築後5年経過時点でモルタル保護層がこのような

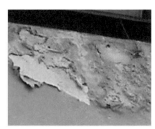

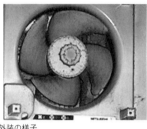

図16.5　1973年竣工のRC造建物の屋上、内外装の様子

状況になった原因の一つには、施工上の問題が考えられます。

図16.5は、1973年竣工のRC造建物です。修繕は4回（1986年外壁塗装、1987年内装改修、1990年屋上防水、2000年空調設備）行われましたが、普段の施設全体の管理状況がよくないため、室内外ともに劣悪な状況になっています。その結果、住民の利用率も低く、公共サービスのレベルは落ちる一方になっています。

公共施設管理の今後に向けて

以上の調査は、公共施設の管理運営実態の把握、公共サービス拠点としての機能把握、概略的な施設老朽化点検の試みを目的として行われたものです。そのために、施設点検チェックシートを作成し、目視と施設管理担当者へのヒアリングで調査を行いました。調査の対象は協力自治体との協議からコミュニティ関連施設の中で一部の施設を選定することにし、最終的には各自治体から数施設を選定し20自治体48施設の調査を行いました。

老朽化の点検結果から、不具合の多い部分は屋根・屋上、外壁と内壁、天井、建具の順になっており、これらは主に雨漏りの発端となっています。なお、照明、トイレ、エレベータなどを含めた設備に不具合は少ないのですが、これは建築部位に比べて定期点検が行われていることと、問題発生時に起こる不便さや住民からのクレームなどがあるため事後対応が早いことによります。

築年数を基準として不具合の発生状況を見た場合、築20年以下の施設は築20年以上の施設に比べて少なくなります。また、築10年以下の施設の中にも不具合の状況がひどい施設がありましたが、これには新築時の施工または設計上の問題が考えられます。

以上の調査結果から、公共施設の管理の現状と今後に関して以下のことがいえると思います。

① 老朽施設の急増による公共サービスの提供に支障が生じているが、これを解決するためには、予算の配分が必要です。しかし、現在の地方自治体の財政状況では、適切に対応するのが難しいのが実情です。

② 地方自治体は、維持管理の予算がなくて適切に施設の老朽化に対応できていないといいますが、実際には割り当てられている維持管理費さえ効率的に活用できず、予算を無駄にしている場合が多々あります。まず、長期修繕計画を立てて工事の優先順位を定めたのち、施設の関連情報を一元化管理することによりこのような問題を解決することができます。

③ 施設に関する情報がないか、あったとしても統合管理されていないのが実情で、データとしての本来の機能を果たしていません。したがって、すべての施設に関連する情報を統合して一元化されたデータベース管理システムを構築したのち、これらの情報を共有することが必要です。

④ 現在の施設の管理状態が良好かそうでないかを把握することができる評価基準がないのが実情です。したがって、まずは自治体内部の設備を定期的に比較分析して、

さらには周辺自治体と協力して、データの分析を共同で実施して相互に評価することができる体制の構築が必要です。

⑤ 地方自治体の現在の状況を把握することは不可能か、可能としてもコスト、時間、労力があまりにも多くなります。しかし、外部の老朽度診断の専門家に診断を委託するなどの方法では、全施設の確認が不可能であり、途中であきらめてしまう場合が多くなりがちです。より効率的な現況把握手法の開発が必要であり、これは段階を分けて実施する必要があります。

⑥ 現在の危機的状況は認識しているものの自らが積極的に解決するのではなく、他の誰かにしてもらいたいという傍観者的な公務員の意識改革をする必要があります。

17

公共施設における
維持管理の現状

公共施設における施設関連台帳管理の現状

図17.1は、地方自治体の施設保全に関連した台帳の管理状況を示しています。政令指定都市と東京都内の特別区は約8割程度がコンピュータ化されたソフトウェアで管理されているのに比べて、中都市は4割以下、小都市は2割以下になっています。全体としても約7割以上がソフトウェアを導入していない状況で、電子データとして管理されている割合は少なくなっています。つまり多くの自治体では、紙の帳簿に記録したり、あるいは全く管理していないことになります。

施設関連管理台帳は、電子データ化されていない台帳は記録すること以上の意味をもたず、その後にこれらの管理台帳を活用することは不可能ということを意味します。つまり、台帳に記録することで業務を行った証拠を残すことが主な目的になっており、データを蓄積して活用するということは考慮

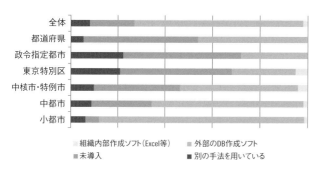

図17.1 自治体の保全台帳管理状況

されないままになっています。

電子データとして台帳を管理する地方自治体の中にも、根本的に間違った問題を抱えているところが意外に多いのが実状です。それはMicrosoft Excelでファイルを作成し、台帳を管理している地方自治体が多いということです。厳密な意味では、これでは電子データとすることができません。データは保存するためのものではなく、蓄積されたデータを活用し、また検討して分析し、現状を把握して問題点を発見するなど、次の計画に反映して改善をすることが重要になります。しかし、Microsoft Excelで台帳を管理する場合は、それらをデータとして活用することは容易なことではありません。また、定期的に担当職務が変更される公務員社会の特徴で、新しい担当者は前任者が設定したファイルに手を加えて項目とフォームの一部を変更する場合もあります。これは、以前のすべてのファイルを時代遅れにすることですが、これに対する認識はかなり不足しているのが実態です。

つまり、一本化されたデータベースで構築されていない限り、電子データとして本来の機能を発揮することはできないということです。マネジメントでは、データの活用が不可欠なため、設備関連台帳がデータベース化されていない自治体では、施設マネジメントを推進するにも大きな困難を経験することが予想されます。

公共施設における委託管理業務の現況

公共施設の維持管理業務としては、施設のすべての維持管理業務を一括して任せる指定管理者制度がありますが、それとは別に洗浄・警備・設備管理業務では、それぞれの入札を通じた委託管理が一般的に行われています。契約方式は、指定管理者制度もそれぞれの業務別委託管理も設備数の契約が存在し、短くて1年、長くて数年程度の単位での契約が行われています。**図17.2**は、地方自治体のコミュニティ関連施設の清掃委託契約額の単価を調査した結果で

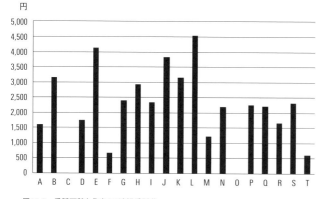

円

図17.2　委託面積(㎡)当たり清掃委託費

す。清掃委託契約は、主に設備単位ごとに契約が行われることが一般的で、施設の数だけ契約も存在します。**図17.2**は、調査対象自治体の施設別契約単価の平均値をグラフ化したものです。

清掃業務の内容は、床の掃除を定期的に行うことで自治体ごとに大きな違いはありませんが、平均契約単価には大きな違いが現れています。F自治体、T自治体は約700円の単価契約をしたのに対し、E自治体、L自治体は4000円以上の単価契約を締結しています。つまり、委託内容が同じであるにもかかわらず、約6倍の単価差が存在することがわかります。これらの結果は、他の自治体との比較分析を試みてみることで初めて明らかになることで、内部でいくらデータを集めて分析しても明らかになるものではありません。

グラフを作成することは誰にでもできる簡単なことですが、このグラフを作成するまでにデータを収集し、同じ基準でそれらを再構成する作業はけっして短時間で行えることではありません。実際、**図17.2**のグラフを作成するために使われた期間は10ヶ月程度です。全施設のデータを収集することは不可能で、コミュニティ関連施設のみに対象を絞って収集した結果です。また、契約期間は単年度ごとまたは2〜3年ごとに更新となる契約が存在し、契約業務のみに従事する人材が相当数必要となり、非効率的な業務形態となっています。

これらの状況は清掃委託だけでなく、他のほとんどの委託業務も同様であり、優先的に改善すべき問題といえます。

施設関連データの管理、保有の現況

表17.1は、東京都内の26の自治体を対象に2008年に実施したデータの管理状況調査結果の一部です。対象自治体が所有している全施設のデータを収集することが不可能なことから、**表17.1**に記入した最小限の基本情報データの有無を調べ、その結果を「○」「×」「△」で表記しました。「施設の名称」「延べ床面積」「竣工年」の三つの項目は、対象自治体すべてが保有施設の情報をもっていることが確認されましたが、施設の住所、施設用途、敷地面積、建築面積、構造、階数、管理担当部署の項目については、すべてを把握できていない自治体が多数あることを確認しています。

最小限の基本的な情報もすべてが管理されているわけではない状態で、全施設のデータを収集・分析して現状を把握することは、多大な時間を必要としたりあるいは不可能なこと

表17.1 地方自治体の施設に関する関連データの管理状況

	自治体	A	D	F	G	K	M	N	R	T	U	V	W	X	Y
デ│タの有無*	施設の名称	○	○	○	○	○	○	○	○	○	○	○	○	○	○
	住所	○	○	○		○	○	○	○	○	○	○	○		○
	施設用途	○	○	○		○	○	○	○	○	○	○	○		○
	用途の複合状況	○	○	○		×		○	○	○	○		○		
	敷地面積(㎡)		○	○	○	○	○	○	○	△	○	○			△
	建築面積(㎡)	○				○	○			△		○	○		
	延べ床面積(㎡)	○	○	○	○	○	○	○	○	○	○	○	○	○	○
	竣工年	○	○	○	○	○	○	○	○	○	○	○	○	○	◎
	施設構造	○	○	○		○	○	○	○	○	○	○	○		
	階数	○	○	○		○	○	○	○	○	○	○	○		
	担当部局	○	○	○		○	○	○	○		○	○	○		
	図面		○	○		×	○	○	○	△	○	△	○		
	施設台帳	○	○	△		○	×		○			○	○		
	修繕工事履歴記録	○	○	△		○		×	×				×		
	施設利用状況記録帳		△	△		○	×	×	○				×		

*全施設のデータがあれば、「○」、全然ないと「×」、データが施設数の半分以下であれば「△」と表記。現況を把握できない状況、あるいは無回答の場合、「空欄」。◎施設の取得年に記録

を意味します。また、施設管理と関連した資料の有無についての状況はさらに深刻で、図面、設備台帳、修繕工事履歴、施設利用状況の記録のほとんどが適切に管理されていないことがわかっています。このような状態では、データの分析を通じた施設マネジメントの効率化はとうてい不可能であり、東京都内にある自治体の結果がこうだとすれば、地方の場合はもっと深刻な状態になっている可能性があります。

維持管理とマネジメントの違い

これまで地方自治体の公共施設への対応は、維持管理の考え方にその基盤をおいています。**表17.2**で維持管理（メンテナンス）とマネジメントの違いについてまとめているように、もともとの維持管理のイメージは最低限のコストで、現在の状況をこれ以上悪化させないことに焦点をおいており、問題が発生した場合、事後対応をすることが一般的で、また他の問題と合わせて考えることをしていません。

これに比べマネジメントのイメージは、指向する目標を明確にし、これを実現するために計画的に行動する点が大きな違いです。つまり、目標としたバーを達成するためには、分野を問わずお互いに協力しながら行動することを重視しています。コストの投入についても、マネジメントの考え方では必要に応じて積極的な投資をして、必要のないものに関しては、1円も使用していないことを重要視しており、その意思決定のために蓄積されたデータと分析が要求されます。

これまでの日本の地方自治体では、維持管理の考え方による対応がほとんどでした。過去の経済成長期には、しっかりとした財政的な余裕のもとでスクラップ＆ビルドが公共施設再整備の基本的なことでしたので、維持管理の考え方に基づいた対応でも問題になることはあまりありませんでした。しかし、ストック時代に入った社会の成熟期にはその限界が現れてきます。

16章の「建物および公共施設の劣化・老朽化」でも指摘したように、地方自治体では厳しい財政環境の中で維持管理

表17.2　維持管理（メンテナンス）とマネジメントとの違い

維持管理のイメージ	マネジメントのイメージ
□ 現在の状況からこれ以上悪化しないようにすることが目標 □ 発生した問題のみを対象として対応（受動的・情報の一回限りの活用） □ 支出は、可能な限り最小限を目指す	□ 目標を明確に設定する □ 計画的に対応（能動的・情報の蓄積と活用） □ 費用対効果を重視

コスト削減や老朽施設更新のために努力しているにもかかわらず、多くの無駄が発生しています。これは、マネジメントの考え方に基づいていないのが大きな原因の一つといえます。また、目指すべき目標というのは、地方自治体が一体となって全庁的な次元で見たとき、目指すべきことが何なのかを決めることが必要であるため、組織内部の部門間の壁を越えた横断的な連携が何よりも重要になります。すでに日本社会には、このような考え方に転換して、公共施設マネジメントを積極的に推進する地方自治体が現れています。

以上のようにマネジメント的な考え方に基づいた場合、今後、公共施設の問題に対応していくためには必要かつ重要な事項がいくつか存在することがわかります。その代表的なものとして、自分のレベルに合った適切な公共施設マネジメントの推進、横断的な連携が可能な組織の構成、適切な目標設定、情報のデータベース化と一元化、ベンチマーキング体制の構築、PDCAサイクルの構築などをあげることができます。

図版出典
図14.1　内閣府SNA（System of National Accounts:国民経済計算）サイト内の国民経済計算年報
図14.2　2007年版日本の将来推定人口:中位、国立社会保障・人口周期研究所編
図14.3、4、5　国土技術政策総合研究所プロジェクト研究報告、2006.1
図14.6　PRE戦略を実践するための手引書、PRE研究会、2010.5
図15.2　改修によるマンションの再生手法に関するマニュアル、国土交通省
表15.1　マンションの修繕積立金算出マニュアル（04年改定版）、㈶マンション管理センター
図17.1　2014年度全国860自治体のアンケート調査結果、早稲田大学小松研究室の調査より

参考文献
・建築寿命の推定、小松幸夫、建築雑誌2002年10月号（vol.117 no.1494）
・建設白書、建設省、1996
・建物寿命の現状、総合論文誌、小松幸夫、日本建築学会編（9）、23-26、2011.01.20

執筆リスト
建築学教育研究会　執筆者・担当一覧

李 祥準
イ・サンジュン

関東学院大学建築・環境学部建築・環境学科准教授、博士（工学）
・13～17章

田村直久
たむら・ただひさ

関東学院大学建築・環境学部建築・環境学科非常勤講師
・6～12章

中島正夫
なかじま・まさお

関東学院大学建築・環境学部建築・環境学科教授、博士（工学）
・序、1～5章

渡部 洋
わたなべ・ひろし

関東学院大学建築・環境学部建築・環境学科教授、博士（工学）
・まえがき

作図協力＝下山美月

はじめての建築学──建築生産・材料基礎編

建築生産・材料入門

2020年9月15日　第1刷発行

編者
建築学教育研究会

著者
李　祥準＋田村直久＋中島正夫

発行者
坪内文生

発行所
鹿島出版会
〒104-0028東京都中央区八重洲2丁目5番14号
電話 03-6202-5200　振替 00160-2-180883

印刷・製本
壮光舎印刷

デザイン
高木達樹（しまうまデザイン）

本書の内容に関するご意見・ご感想は下記までお寄せください。
URL:http://www.kajima-publishing.co.jp
e-mail:info@kajima-publishing.co.jp